essentials

essentials liefern aktuelles Wissen in konzentrierter Form. Die Essenz dessen, worauf es als „State-of-the-Art" in der gegenwärtigen Fachdiskussion oder in der Praxis ankommt. essentials informieren schnell, unkompliziert und verständlich

- als Einführung in ein aktuelles Thema aus Ihrem Fachgebiet
- als Einstieg in ein für Sie noch unbekanntes Themenfeld
- als Einblick, um zum Thema mitreden zu können

Die Bücher in elektronischer und gedruckter Form bringen das Expertenwissen von Springer-Fachautoren kompakt zur Darstellung. Sie sind besonders für die Nutzung als eBook auf Tablet-PCs, eBook-Readern und Smartphones geeignet. essentials: Wissensbausteine aus den Wirtschafts, Sozial- und Geisteswissenschaften, aus Technik und Naturwissenschaften sowie aus Medizin, Psychologie und Gesundheitsberufen. Von renommierten Autoren aller Springer-Verlagsmarken.

Dunja Ewinger · Anabel Ternès
Juliane Koerbel · Ian Towers

Arbeitswelt im Zeitalter der Individualisierung

Trends: Multigrafie und
Multi-Option in der Generation Y

Dunja Ewinger
The International Management University
SRH Hochschule Berlin
Berlin
Deutschland

Anabel Ternès
The International Management University
IISM, SRH Hochschule Berlin
Berlin
Deutschland

Juliane Koerbel
Berlin
Deutschland

Ian Towers
The International Management University
IISM, SRH Hochschule Berlin
Berlin
Deutschland

ISSN 2197-6708
essentials
ISBN 978-3-658-12752-7
DOI 10.1007/978-3-658-12753-4

ISSN 2197-6716 (electronic)

ISBN 978-3-658-12753-4 (eBook)

Die Deutsche Nationalbibliothek verzeichnet diese Publikation in der Deutschen Nationalbibliografie; detaillierte bibliografische Daten sind im Internet über http://dnb.d-nb.de abrufbar.

Springer Gabler

Gedruckt auf säurefreiem und chlorfrei gebleichtem Papier

Springer Gabler ist Teil von Springer Nature Die eingetragene Gesellschaft ist
Springer Fachmedien Wiesbaden (www.springer.com)

Was Sie in diesem Essential finden können

- Einen Überblick über den Individualisierungstrend unter Berücksichtigung anderer aktueller Trends auf Grundlage tiefgehender Medienrecherche.
- Kompakte Darstellung über die Auswirkungen des Individualisierungstrends in der Gesellschaft und der Arbeitswelt unter Zuhilfenahme repräsentativer Studien und Umfragen.
- Ein Portrait der Generation Y als Case Study für die veränderte Arbeitswelt und den veränderten Handel.
- Eine Übersicht über die Folgen der Individualisierung und des demografischen Wandels für die Generation der Best Ager.

Inhaltsverzeichnis

Einleitung 1

1.1 Der Aufstieg des „Ich"

Das „Ich-Denkmal" (siehe Abb. 1.1) gehört zu einem der beliebtesten Fotomotive in Frankfurt am Main. In einem kleinen Park am Ufer des Mains steht dieses unvollendete Denkmal. Lediglich ein Sockel steht da, versehen mit der goldenen Inschrift „ICH". Drei Stufen auf der Rückseite führen hinauf. Kaum ist man oben, ist das Denkmal vollkommen. Denn dieses Denkmal von Hans Traxler ist nichts anderes als der Aufruf, sich für kurze Zeit wie eine Berühmtheit zu fühlen, sich selbst ein Denkmal zu setzen. „Jeder Mensch ist einzigartig. Das gilt natürlich auch für alle Tiere. Halten Sie es fest für immer. Hier.", ist auf der Plakette an der Seite zu lesen.

Das Kunstprojekt trifft den Nerv der Zeit. Denn zu keinem anderen Zeitpunkt in der Menschheitsgeschichte war es uns derart möglich, uns selbst zu definieren, zu verwirklichen und zu inszenieren. Wir haben die Freiheit, selbst zu wählen und zu entscheiden, wie wir leben wollen. Denn wir leben in einer individualisierten Gesellschaft.

Der Trend hat längst auch in die Wirtschaft Einzug gehalten. In den Führungsetagen, im Marketing, im Kommunikationsmanagement und im strategischen Personalmanagement von Unternehmen stellen die Individualisierungsprozesse eine der wichtigsten Herausforderungen dar. Es gilt, Kunden und potenzielle Mitarbeiter gezielt auf persönlicher Ebene zu erreichen und zu gewinnen. Eine attraktive Arbeitgebermarke muss geschaffen werden, Produkte werden personalisiert, der Kunde in die Wertschöpfungskette eingebunden. Beschäftigungsmodelle müssen flexibel sein und den persönlichen Bedürfnissen der Arbeitnehmer entgegenkommen.

Ziel dieses Essentials ist es zum einen, einen möglichst umfassenden Überblick über die Wesensmerkmale unserer heutigen individualisierten Gesellschaft

© Springer Fachmedien Wiesbaden 2016

D. Ewinger et al., *Arbeitswelt im Zeitalter der Individualisierung,* essentials,

DOI 10.1007/978-3-658-12753-4_1

Abb. 1.1 „Ich-Denkmal" in Frankfurt am Main. (Wiki Commons 2005)

zu geben. Zum anderen soll eine Einschätzung darüber geliefert werden, inwieweit Individualisierungsprozesse das Potenzial besitzen, die Arbeitswelt neu zu definieren. Neben dem Megatrend[1] Individualisierung spielen weitere Trends wie Globalisierung und Digitalisierung genauso eine tragende Rolle wie der demografische Wandel.

Obwohl der Individualisierungstrend bereits seit Jahrhunderten zu beobachten ist und als weltweiter Prozess eine starke Zukunftsorientierung aufweist, wurde er bisher in nur wenigen wissenschaftlichen Publikationen untersucht. Eine wichtige Grundlage stellen daher Online-Artikel einschlägiger Medien und Online-Portale, aber auch repräsentative Studien insbesondere von Beratungsunternehmen dar.

1.2 Methodischer Hintergrund

Die vorliegende Abhandlung stützt sich in erster Linie auf den Trendbegriff. Damit sind nicht die kurzlebigen Trends gemeint, die uns im alltäglichen Leben überall begegnen und uns zeigen, was beispielsweise in der Mode im Kommen ist. Horx,

---

[1] Zur Definition eines „Megatrends" siehe Abschn. 1.2.

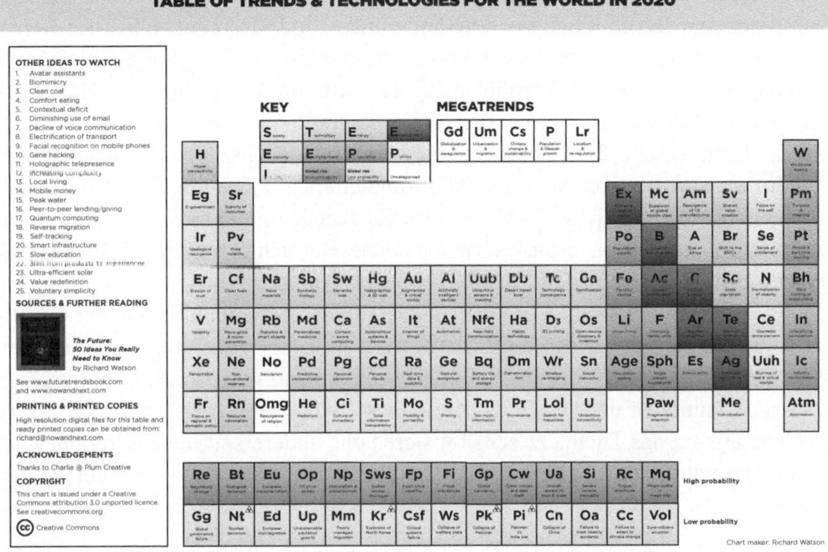

Abb. 1.2 Trends und Technologien für die Welt in 2020. (Watson 2014)

einer der bekanntesten Trendforscher Deutschlands, bezeichnet einen Trend als Veränderungsbewegung und Wandlungsprozess (Horx 2010a, S. 1). Als gegenwärtige Prozesse transformieren Trends damit Zustände der Vergangenheit und verweisen gleichzeitig auf deren zukünftige Beschaffenheit (Abb. 1.2).

Im Sinne von Veränderungsbewegungen kommt Trends zudem eine soziale Komponente zu, da sie von Individuen bzw. ganzen Gruppen getragen werden und sich so entweder immer weiter in die Mitte der Gesellschaft ausbreiten oder schnell wieder verpuffen.

„Megatrends" sind dabei langfristige Trends, die über Jahrzehnte zu beobachten sind. Sie beeinflussen unser gesellschaftliches Weltbild, unsere Werte und unser Denken. Ein Megatrend vereint eine Vielzahl von Einzeltrends, die wiederum Bestandteile anderer Megatrends sein können. Einzeltrends bestehen daher nicht nebeneinander, sondern überlappen sich, bedingen sich teilweise sogar und wirken in den verschiedenen Regionen dieser Welt unterschiedlich (Jens Hansen Consulting GmbH o. J.). Ein Megatrend, so definiert Matthias Horx, hat also eine Halbwertszeit von mindestens 50 Jahren (Dauer), zeigt in allen Lebensbereichen Auswirkungen (Ubiquität), verläuft global (Globalität), ist in seinem Wesen mehrschichtig und mehrdimensional (Komplexität) und verläuft keineswegs geradlinig, sondern erzeugt immer Gegenbewegungen (Paradoxalität) (Horx 2011, S. 72 f.).

Unter Trendforschung versteht Horx (2010b, S. 1) die Analyse von Trends als „Instrument zur Beschreibung von Veränderungen und Strömungen in allen Bereichen der Gesellschaft". Vor diesem Hintergrund weist die Forschungsrichtung für Pfadenhauer (2004, S. 3 f.) Parallelen zur Zukunftsforschung auf. Zwei Hauptprämissen von Zukunftsforschern sollten dabei ebenfalls für Trendforscher von zentraler Bedeutung sein: Zum einen die stets vorhandene Möglichkeit verschiedener „Zukünfte", zum anderen aber auch die Annahme, dass Zukunft nicht vollständig bestimmbar ist (Pfadenhauer 2004, S. 3 f.). Da Trends immer einen direkten Bezug zur Zukunft aufweisen, besitzen verschiedene Betrachter unterschiedliche Einschätzungen über deren zukünftige Relevanz im Alltag.

Das vorliegende Essential untersucht das Thema Individualisierung der Gesellschaft unabhängig von wirtschaftlichen oder politischen Interessen.[2] Ziel ist, den etwas abstrakten Begriff der Individualisierung anhand verschiedener Indikatoren zu veranschaulichen und in die Kontexte Gesellschaft und Arbeitswelt zu setzen, um einerseits für das Thema zu sensibilisieren und andererseits eine hilfreiche Diskussionsgrundlage zu schaffen, sodass Handlungsempfehlungen abgeleitet werden können.

1.3 Aufbau

Das Essential gliedert sich in drei wesentliche Komponenten. In Kap. 2 wird „Individualisierung" erläutert und definiert. Die Betrachtung politischer und gesellschaftlicher Rahmenbedingungen soll darüber hinaus die Entwicklungsgeschichte des Megatrends veranschaulichen und somit zum besseren Verständnis beitragen. Schließlich werden mit einer überblicksartigen und längst nicht vollständigen Darstellung gegenwärtig sichtbare gesellschaftliche Entwicklungen aufgezeigt, die als Resultat von Individualisierungsprozessen in Deutschland gesehen werden können. In Kap. 3 wird vertieft auf die Bedeutung des Megatrends Individualisierung auf die Arbeitswelt eingegangen. Dabei wird Bezug auf die Generation Y genommen, die aktuell den Arbeitsmarkt betritt. Dem demografischen Wandel ist zu verdanken, dass eine weitere Generation massiv Einfluss auf die Wirtschaft und Arbeitswelt hat. Daher beschäftigt sich Kap. 4 mit den „Best Agers" oder „Silver Workers", wie die Generation 55 + auch genannt wird.

---

[2] Zur Kritik an Trendforschung hinsichtlich der Wissenschaftlichkeit und Unseriosität vergleiche Pfadenhauer (2004), S. 2.

Individualisierung der Gesellschaft

2

Der Soziologe Ulrich Beck prägte 1986 den Begriff „Individualisierung" als eines der wichtigsten Schlagworte gesellschaftlichen Wandels (Beck 1986). Individualisierung beschreibt dabei einen langfristigen, gesamtgesellschaftlichen Prozess, in dem der Einzelne nach einem selbstbestimmten Leben und Selbstverwirklichung strebt. Der Mensch wendet sich sich selbst zu. Fremdbestimmende Instanzen (wie die Kirche oder eine politische Partei) und gesellschaftliche Normen (bspw. Traditionen) verlieren beim „Aufstieg des Ich" (Horx 2015) an Einfluss. Der Mensch kann und wird sich dabei niemals von allen gesellschaftlichen Rahmenbedingungen befreien, diese verändern sich lediglich. Denn auch der Prozess der Individualisierung ist an gesellschaftliche Voraussetzungen gebunden (Beck und Beck-Gernsheim 1993). In individualisierten Gesellschaften kann jeder Einzelne selbst entscheiden, wie und wo er lebt, liebt und arbeitet. Werte und Normen verändern sich, werden vielfältiger. Jeder Mensch hat die Wahl, muss aber auch mit den Konsequenzen seiner Entscheidungen leben und die alleinige Verantwortung für sein Handeln tragen. „Der Mensch wird (im radikalisierten Sinne Sartres) zur Wahl seiner Möglichkeiten, zum homo optionis. Leben, Tod, Geschlecht, Körperlichkeit, Identität, Religion, Ehe, Elternschaft, soziale Bindungen – alles wird sozusagen bis ins Kleingedruckte hinein entscheidbar, muss, einmal zu Optionen zerschellt, entschieden werden." (Beck und Beck-Gernsheim 1994, S. 16 f.) Möglich ist dies allerdings nur in Wohlstandsgesellschaften, in denen der überwiegende Teil der Bevölkerung einen Lebensstil weit über dem Existenzminimum pflegt und ihm nahezu unbegrenzte Möglichkeiten des Konsums offenstehen.

© Springer Fachmedien Wiesbaden 2016
D. Ewinger et al., *Arbeitswelt im Zeitalter der Individualisierung*, essentials,
DOI 10.1007/978-3-658-12753-4_2

2.1 Rahmenbedingungen

Der Individualisierungsprozess ist kein plötzlich aufgekommenes Phänomen unserer heutigen Zeit, sondern ein seit nunmehr zwei Jahrhunderten andauernder, weltweit in allen entwickelten Regionen zu beobachtender Prozess, der durch verschiedene gesellschaftliche und politische Rahmenbedingungen immer wieder Schübe erlebt und sich dadurch in seinem Wesen verändert hat. Er ist als Prozess mehrschichtig und sehr komplex. Daher kann eine Beschreibung der Rahmenbedingungen zum einen nur im historischen Kontext seiner Entstehungsgeschichte eingebettet und zum anderen nicht in seiner Vollständigkeit abgebildet werden.

Die **Aufklärung** im 18. Jahrhundert war eine wesentliche treibende Kraft für den gesellschaftlichen Individualisierungsprozess in Europa. Immanuel Kant forderte 1784 die Menschen auf, sich ihres Verstandes zu bedienen, um sich aus der selbstverschuldeten Unmündigkeit zu befreien. Als Voraussetzung dafür sah er die Freiheit, in Rede und Schrift seine Meinung äußern und vertreten zu dürfen (Kant 1784). Die Aufklärung trug wesentlich zur Säkularisierung Europas bei.

Die **Französische Revolution von 1789** hatte ebenfalls einen erheblichen Einfluss auf die Individualisierungsprozesse in Europa. Die Abschaffung des Ständestaats, das Erkämpfen bürgerlicher Freiheitsrechte und die Einführung eines demokratischen Verfassungsstaats veränderten erheblich das gesellschaftlich-politische Leben. Die **Europäischen Revolutionen von 1848/1849** knüpften daran an. Obwohl lange Zeit die Revolutionen als gescheitert galten, brachten sie doch einige Verdienste hervor: Bauernbefreiung, Agrarreformen, die Einführung von Grundrechten und vieles mehr.

Zur gleichen Zeit veränderten die Megatrends **Industrialisierung und Urbanisierung** die Gesellschaft und Wirtschaft in Europa radikal und trieben den Individualisierungsprozess weiter an. Besonders die Industriestädte wuchsen explosionsartig. Mit der Industrialisierung und den neuen Produktionsformen ging ein rapides wirtschaftliches Wachstum einher. Eisenbahn und Nachrichtentechnik ließen Entfernungen schrumpfen, neue und vielfältige **Kommunikationswege** entstanden. Industrialisierung und Urbanisierung erweiterten den Konsumentenkreis, änderten das Verbraucherverhalten und vergrößerten das Warenangebot. Im Deutschen Kaiserreich wuchs trotz stark wachsender Bevölkerung das Pro-Kopf-Einkommen.

Den nächsten Individualisierungsschub erlebten die (west-)europäischen Gesellschaften ab den 1960er Jahren im Zuge massiver Wohlstandssteigerungen, die bis in die 80er Jahre hinein anhielten und nahezu alle Bevölkerungsgruppen umfassten. Beck spricht von einem „Fahrstuhl-Effekt" (Beck 1986, S. 122): Alle konnten sich nun ein bisschen mehr leisten. Die Einführung der Fünf-Tage-Woche („Samstag gehört der Vati mir") und die Erhöhung der Anzahl von Urlaubstagen pro Jahr bescherten den deutschen Arbeitnehmern mehr Freizeit und somit mehr Lebensqualität außerhalb der Arbeit. Schließlich führte das gestiegene Bildungsniveau zu besseren Chancen in Beruf und Karriere. Der Zuwachs an den Gymnasien und Hochschulen zeigte sich letztlich in den starken und folgenreichen Studentenbewegungen der 1968er Jahre, die die Ideale der Elterngeneration in Frage stellten und sich von bürgerlichen Tabus befreien wollten mit dem Ziel, neue, menschlichere Lebens- und Umgangsformen zu finden (Tarin 2006). In dieser Zeit erstarkte die **Frauenrechtsbewegung**, die bereits im Zeitalter der Aufklärung begann. Die Emanzipationsbewegungen der letzten 200 Jahre haben dazu geführt, dass sich die Frauen aus alten Mustern und Rollen befreien konnten und Grundrechte für sich einforderten, die sie mit den Männern gleichstellten (z. B. durch die Einführung des Frauenwahlrechts 1918). Der Einfluss von Frauen in Gesellschaft, Wirtschaft und Politik nimmt noch immer stetig zu.

Ab den 1990er Jahren erlebt der Prozess der Individualisierung neben den schon genannten Faktoren vor allem durch die **Globalisierung** und den **technologischen Wandel** einen weiteren Schub. Insbesondere die Einführung des World Wide Webs und die weltweite Verbreitung des Internets haben zu umfassenden Umwälzungen in vielen Lebensbereichen geführt. Web-2.0-Anwendungen wie Facebook oder Twitter wurden in politisch-gesellschaftlicher Hinsicht zu wichtigen Plattformen zur Massenmobilisierung für Proteste oder gar Revolutionen, wie es beispielsweise während des „Arabischen Frühlings" oder den Protesten auf dem Maidan in der Ukraine zu beobachten war. Soziale Netzwerke geben über zwei Milliarden Menschen weltweit (eMarketer 2013) die Freiheit, sich nach ihren individuellen Vorlieben zu vernetzen, sich auszudrücken oder darzustellen. Das Internet verändert durch E-Commerce unser Konsumverhalten. Weitere digitale Trends sind auf dem Vormarsch. Mit einem „Digital Fabricator", also einem 3D-Drucker, können wir uns unsere eigene Fabrik ins Haus holen. Damit ist es möglich, ganz nach Belieben Dinge des Alltags einfach selbst vor Ort herzustellen und auszudrucken. **Fabbing**, wie das Verfahren genannt wird – oder auch Rapid Prototyping –, hat längst Marktpotenzial. Doch die **Digitalisierung** als Treiber von Individualisierung erfasst nicht nur die Medien und die Produktion, sondern auch uns selbst. Das sogenannte **Internet der Dinge** sorgt dafür, dass die Bewältigung unseres Alltags leichter wird und wir uns auf die wesentlichen Dinge des Lebens konzentrieren können. Maschinen und Computer kommunizieren miteinander oder mit einem zentralen Server. Kühlschränke kaufen eigenständig Milch und Butter nach, Autos rufen nach einem Unfall den Notarzt, Nassrasierer signalisieren, wenn die Klinge stumpf ist (Straßmann 2015). „Wearable Computing", besser bekannt unter dem Stichwort **„Quantify myself"**, ermöglicht die Vermessung des Ichs: Wie hoch ist mein Blutdruck? Wie viel bin ich heute gelaufen? Welche Nahrungsmittel habe ich mit welchen

Inhaltsstoffen zu mir genommen? In einer Umfrage des US-amerikanischen Pew Research Centers antworteten 83 % der Befragten, darunter Branchenexperten und IT-Spezialisten, dass das Internet der Dinge und „Wearable Computing" bis 2025 etabliert sein und darüber hinaus die nächste digitale Revolution einläuten werden (Pew Research Center 2014).

2.2 Indizien aktueller Individualisierungsprozesse

Unter Indizien werden in diesem Essential Faktoren verstanden, die nicht Individualisierungsprozesse herbeiführen oder vorantreiben, wie die beschriebenen Rahmenbedingungen im vorangegangenen Abschnitt, sondern im Gegenteil als Resultat ebendieser Prozesse verstanden werden. Es soll damit eine Möglichkeit aufgezeigt werden, Individualisierungsprozesse sichtbar und darstellbar zu machen.

Zunächst lohnt sich ein Blick auf die **Bevölkerungsentwicklung und die veränderten Haushaltsstrukturen.** Die Daten dazu liefert das Statistische Bundesamt. Wie in Abb. 3 erkennbar, wächst der Anteil der Single-Haushalte stetig, während die Haushalte mit Kindern immer weniger werden. Seit den 1990er Jahren überwiegen Single-Haushalte im Gesellschaftsbild Deutschlands. Dieser Trend wird sich in Zukunft fortsetzen. Eine Teilschuld daran trägt der demografische Wandel, der sich durch steigende Lebenserwartung und niedrige Geburtenraten auszeichnet. Zudem beeinflussen die veränderten Biografien die Haushaltsgröße. Die Menschen müssen nicht mehr heiraten, Kinder bekommen und sich auf ewig an jemanden binden. Was glücklich macht und gut für einen ist, zählt. Am deutlichsten wird das am Konstrukt der Ehe. Immer weniger Menschen heiraten, immer mehr verheiratete Paare lassen sich scheiden. Im Vergleich zum Jahr 1992 sank laut Statistischem Bundesamt die Zahl der Eheschließungen im Jahr 2012 um rund 15 %, während die Zahl der Scheidungen um mehr als 25 % zunahm (Statistisches Bundesamt 2015a, siehe Abb. 2.1).[1]

Insgesamt ist die Zahl der im gemeinsamen Haushalt lebenden Ehepartner seit 1996 um 11,5 Prozentpunkte (Abb. 2.2) zurückgegangen. Deutlich mehr geworden sind entsprechend die nicht-ehelichen Lebensgemeinschaften und der Anteil der Alleinerziehenden.

In der heutigen individualisierten Gesellschaft kann jeder frei von gesellschaftlichen Zwängen seinen Lebensstil wählen und gestalten. Das schlägt sich in den vielfältigen Haushaltsformen nieder: Neben Single-Haushalten finden sich Haus-

---

[1] 1961 Volkszählung, 1975 EG-Arbeitskräftestichprobe, sonst Mikrozensus, ab 1991 Gesamtdeutschland, 2030 Ergebnis der Trendvariante der Haushaltsvorausberechnung-2010.

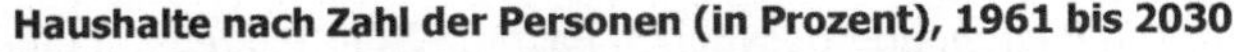

Haushalte nach Zahl der Personen (in Prozent), 1961 bis 2030

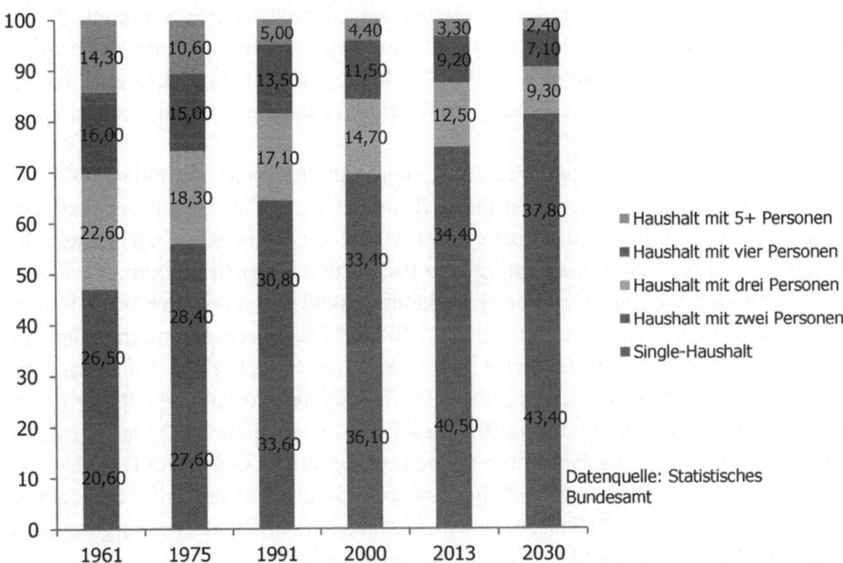

Abb. 2.1 Haushalte nach Haushaltsgrößen in Deutschland. (Quelle: Daten von Statistisches Bundesamt 2015c)

Haushalte nach Familienform (in Prozent)
Datenquelle: Statistisches Bundesamt

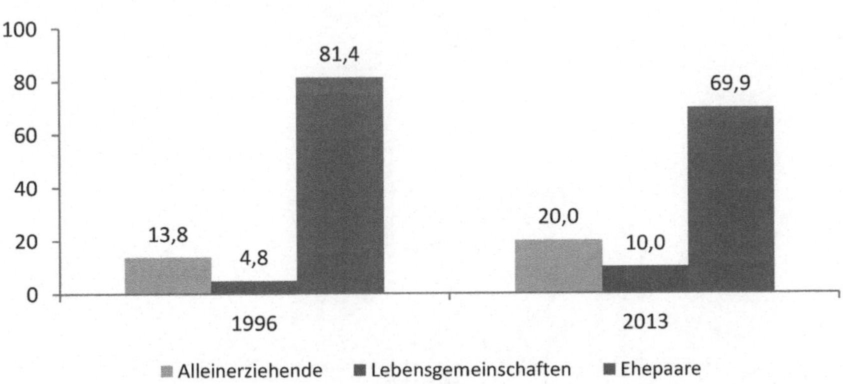

Abb. 2.2 Haushalte nach Familienform. (Quelle: Daten von Statistisches Bundesamt 2015d)

halte mit kinderlosen Paaren, homosexuellen Paaren, WGs, Paaren mit einem Kind oder mit mehreren Kindern, Alleinerziehenden, alleinstehenden Senioren, Patchworkfamilien, Mehrgenerationenhaushalte und Familien mit mehreren Lebensmittelpunkten. Die Liste ließe sich fortführen. Insgesamt gilt: Je mehr verschiedene Lebensformen in einer Gesellschaft verbreitet und akzeptiert sind, desto individualisierter ist sie.

Gerade bei **Frauen** haben sich die Lebensentwürfe stark verändert. Die wenigsten wollen sich auf die lebenslange Rolle der Hausfrau und Mutter festlegen lassen. Gut ausgebildet und selbstbewusst wollen sie einem Beruf nachgehen, der sie erfüllt und finanziell unabhängig sein lässt. Auch der richtige Partner will erst noch gefunden werden. Die Familienplanung rückt immer weiter nach hinten. Man spricht vom Phänomen der „späten Mütter". Das durchschnittliche Alter der Frauen bei der Geburt des ersten Kindes steigt laut Statistischem Bundesamt im früheren Bundesgebiet bereits seit über vier Jahrzehnten. Anfang der 1970er waren die werdenden Mütter durchschnittlich 24 Jahre alt, im Jahr 2012 waren es fünf Jahre mehr. Die ostdeutschen Frauen waren bei der ersten Geburt im Durchschnitt sehr jung. Bis zur Wende 1989 betrug das durchschnittliche Gebäralter beim ersten Kind zwischen 22 und 23 Jahren. In den Jahren nach der Wiedervereinigung stieg es bis 2012 ebenfalls um fünf Jahre (siehe auch Abb. 2.3).

Ein weiteres Indiz der Individualisierung sind veränderte **Biografiemuster**. Die bisher gekannte „Normalbiografie", bestehend aus Ausbildung, Arbeit und schließlich Rente, hat ausgedient. Der geradlinige Verlauf einer Biografie wird nun um neue Biografiemuster erweitert. Veränderungen und Brüche werden normal, die

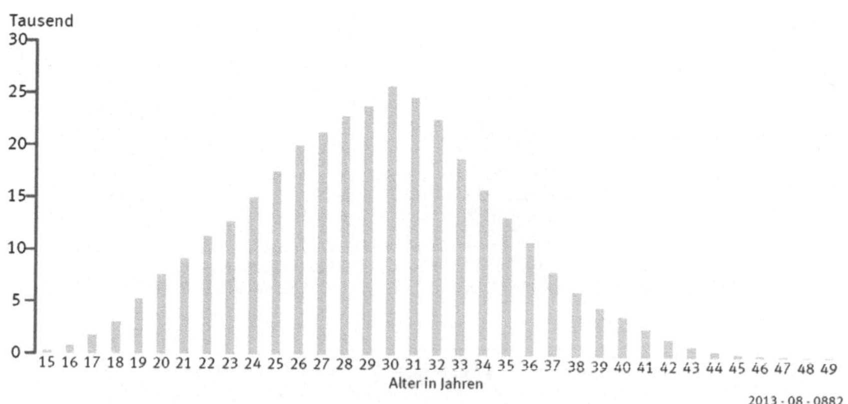

Abb. 2.3 Erstgeborene nach dem Alter der Mutter 2012. (Statistisches Bundesamt 2013b, S. 20)

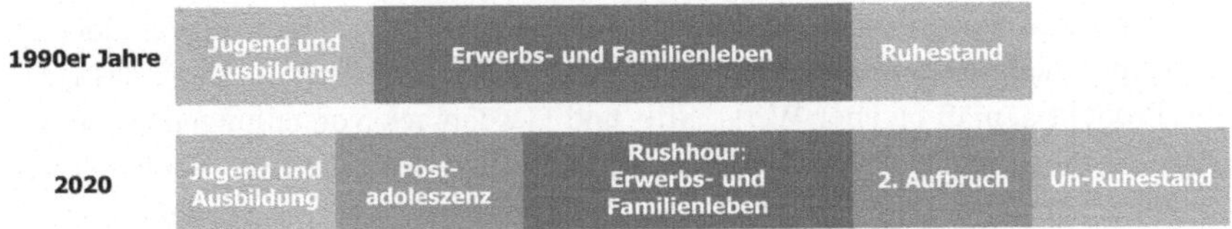

Abb. 2.4 Neue Biografiemuster. (Quelle: Zukunftsinstitut 2011, S. 68)

Biografie wird zur Multigrafie. Zwischen Jugend und Erwachsenenalter schiebt sich nun eine post-adoleszente „Multi-Optionsphase", in der sich die junge Generation ausprobiert, scheitert, weitersucht, erste berufliche Erfahrungen macht und um die Welt reist. Erst mit Mitte 30 legt sie sich dann auf einen Beruf und einen Partner fest. Natürlich gibt es aber auch nach wie vor Menschen, die früh heiraten und eine Familie gründen, um sich mit 50 %-iger Wahrscheinlichkeit wieder zu trennen und mit 40 wieder neu zu binden.

Auch der Renteneinstieg ist keine gesetzte Größe mehr. „Ich bleib dann mal da" titelte „Der Spiegel" (2014) in einem eigens dem Thema gewidmeten Heft. Immer mehr ältere Menschen wollen oder müssen weiterhin arbeiten, und sie werden gebraucht. Das Statistische Bundesamt zählte im vergangenen Jahr über 800.000 Senioren, die auch jenseits der 65 erwerbstätig sind (Statistisches Bundesamt 2014, S. 71 ff.). Dies ist doppelt so viel wie noch vor zehn Jahren. In einer Umfrage des Bundesinstituts für Bevölkerungsforschung geben 47,3 % der Befragten in Deutschland an, auch im Rentenalter weiterarbeiten zu wollen (Büsch et al. 2010). Die Menschen werden älter und bleiben dabei länger gesund. Daraus ergeben sich neue Chancen in der persönlichen Multigrafie (siehe Abb. 2.4). Ältere Menschen empfinden das Alter positiver, bleiben aktiv, auch in der Wirtschaft oder im freiwilligen Engagement. Von einem „Ausruhen" vom Leben kann bei immer mehr Menschen im Alter keine Rede mehr sein.

Gemeinschaftsdörfer, die „durch ein bewusstes Ich, das seinen Platz einnimmt, ein gemeinsames Wir schaffen wollen" (Gemeinschaft Tempelhof o. J.), gemeinsam bewirtschaftete Felder für Großstädter (meine ernte o. J.), Nachbarn, die sich Werkzeuge und Gerätschaften teilen, statt sie sich neu zu kaufen, oder Kleidertauschpartys, die sich immer größer werdender Beliebtheit erfreuen: **Neue soziale Bewegungen feiern das neue Wir**, stellen den Versuch dar, sich in der Multi-Optionsgesellschaft anders zu organisieren. Das Zukunftsinstitut ist sich sicher: Sich in der Gemeinschaft selbst wiederzufinden und nach Identitäten zu suchen, die über das eigene Ich hinausgehen, wird zu einem zentralen Trend in Gesellschaft und Wirtschaft (Brühl und Pollozek 2015, S. 6 f.).

Schließlich spiegelt sich Individualisierung auch und gerade in veränderten **Konsumgewohnheiten** wider. Produktvielfalt macht es jedem möglich, das richtige Produkt gemäß eigener Wert-, Stil- und Geschmacksvorstellungen zu entdecken. Nachhaltigkeit, Crowdfunding und Share-Economy sind die Schlagwörter für neue Konsummuster. Die Nachfrage nach personalisierbaren Produkten steigt weiter, Costomized Markets ersetzen Massenmärkte. Konsumenten beteiligen sich am Produktionsprozess, indem sie aus verschiedenen Produktvariationen wählen können und daraus ein persönlich an ihre Vorlieben angepasstes Produkt zu erhalten (vgl. Ternès et al. 2015).

Doch was eignet sich als Spiegelbild einer Gesellschaft besser als die **junge Generation**? Obwohl sie aus demografischer Sicht mit 15 % die kleinste der Gesamtbevölkerung ist, die es jemals gegeben hat, repräsentiert die sogenannte Generation Y (Gen Y) unsere Welt von morgen. Gesamtgesellschaftliche Trends, schreibt Jugendforscher Klaus Hurrelmann, zeichneten sich oft schon ein Jahrzehnt früher in Jugendstudien ab, die Jugend sei Seismograf für gesellschaftliche Entwicklungen (Hurrelmann und Albrecht 2014, S. 13).

In Kap. 3 wird immer wieder Bezug auf die Generation Y genommen. Die Generation Y ist zwar die prozentual kleinste Generation aller Zeiten, wird aber mit dem Ruhestand der Babyboomer-Generation bald den überwiegenden Teil der Arbeitnehmerschaft in Deutschland stellen. Obwohl in der Literatur nicht immer Einigkeit darüber herrscht, wie die Gen Y nun wirklich tickt, zeigen Studien doch, dass sich diese Generation in Teilen anders verhält als ihre Vorgängergenerationen. Allerdings entsprechen ihre Einstellungen, Werte und Wünsche stark denen in einer ausgeprägt individualisierten Gesellschaft und sind daher generationenübergreifend zu beobachten (vgl. Metzler et al. 2014, www.iwkoeln.de und PwC 2013).

Auch ist zu betonen, dass die Definition einer Generation und die Zuordnung zu ihr zwar hilfreich sind, um generelle Aussagen über eine Bevölkerungsgruppe zu treffen und somit insbesondere Unterschiede zu anderen Generationen zu verdeutlichen. Allerdings ist eine Generation naturgemäß sehr heterogen zusammengesetzt, ihre Vertreter einen lediglich die gemeinsamen Geburtenjahrgänge und bedeutende gesellschaftliche und politische Rahmenbedingungen, mit denen sie aufwuchsen. Die in der Literatur und den Medien vorherrschenden Beschreibungen beziehen sich meist auf jenen Teil der Generation Y, um die sich die Arbeitgeber derzeit so stark bemühen. Hurrelmann nennt sie die Leistungselite oder die „selbstbewussten Macherinnen und Macher" (Hurrelmann und Albrecht 2014, S. 39). Sie sind es, die in den Unternehmen eines Tages den Ton angeben werden und deshalb maßgeblich die Arbeitswelt von morgen prägen.

Individualisierung in der Arbeitswelt 3

Überall auf der Welt wandelt sich die Arbeitswelt, wird dynamischer, vielschichtiger, globaler. Der Wettbewerb verschärft sich, Unternehmen müssen sich strukturell neu ausrichten, wenn sie zukunftsfähig bleiben wollen. Der wirtschaftliche Erfolg hängt von vielen Faktoren ab, wird aber auch wesentlich von einem strategischen und nachhaltigen Personalmanagement beeinflusst. Es gilt, die talentiertesten Mitarbeiter zu finden, zu motivieren und zu halten. Doch wie tickt die nächste Generation? Welche Ziele und Ansprüche verfolgt sie? Fest steht: In einer individualisierten Gesellschaft, die geprägt ist von dem Wunsch nach Selbstverwirklichung, mehr Lebensqualität und Sinnstiftung, müssen qualifizierte und motivierte Nachwuchskräfte anders angesprochen werden. Wo früher klassische Hierarchien und paternalistischer Führungsstil an der Tagesordnung waren, erwarten junge Mitarbeiter heute Transparenz, Einbindung und Mitwirkung. Sie sind es, die unter dem weltweiten Schirm der Digitalisierung die „schöne neue Arbeitswelt" (Huber und Rauch 2013, S. 11) definieren.

3.1 Die Generation Y: Wie tickt sie?

Für die einen ist die Generation Y faul, selbstsüchtig und desorientiert. Sie sind „Klonkrieger ohne Persönlichkeit", weichgespült, angepasst und gleichartig (Fürg 2014). Für die anderen sind sie die „heimlichen Revolutionäre" (Hurrelmann und Albrecht 2014), die etwas anderes wollen vom Leben und damit alles verändern.

Die heute zwischen 15 und 35 Jahre alten Mitglieder dieser Generation sind ständig online, weltweit vernetzt und kommunizieren über soziale Netzwerke. Als „Digital Natives" sind sie mit den neuen Informations- und Kommunikationstechnologien aufgewachsen. Sie wollen anders sein als alle anderen und können mehr als jede Generation vor ihnen das Leben individualisiert gestalten. Schon

© Springer Fachmedien Wiesbaden 2016
D. Ewinger et al., *Arbeitswelt im Zeitalter der Individualisierung*, essentials,
DOI 10.1007/978-3-658-12753-4_3

früh haben sie von ihren Eltern gehört, dass sie einzigartig sind. Sie können alles im Leben erreichen, wenn sie es nur wollen.[1] Die Vielfalt an Möglichkeiten ist schier unerschöpflich. Sie reicht von der Auswahl des Smartphones mitsamt der günstigsten Vertragsform über die Entscheidung, welches Parfum am besten zur eigenen Persönlichkeit passt bis hin zum geeigneten Reiseziel für den nächsten Urlaub und welcher Reiseanbieter das beste Angebot unterbreitet. Allein bei der Studienplatzwahl können die Ypsiloner bundesweit aus fast 18.000 Bachelor- und Masterprogrammen wählen, die sie an über 400 Hochschulen studieren können (Stiftung zur Förderung der Hochschulrektorenkonferenz o. J.). Bei dieser Vielfalt den Überblick nicht zu verlieren und die richtige Entscheidung zu treffen, ist die große Herausforderung. In ihrem Buch „Wir haben keine Angst" beschreibt Nina Pauer die tiefsitzende Angst davor, falsche Entscheidungen zu treffen und dadurch vielleicht die größte Chance im Leben zu verpassen (Pauer 2011). Im Dschungel der Optionen wird der Ypsiloner zum Egotaktiker, der versucht, das Beste für sich herauszufiltern, sich möglichst viele Optionen offen zu halten und maximal in Beruf und Karriere voranzukommen (Hurrelmann und Albrecht 2014, S. 31 ff.). Das setzt jedoch voraus, dass er eine genaue Vorstellung davon hat, was er eigentlich will und worauf er konkret hinarbeitet. Doch genau dieses Festlegen fällt vielen in der Multi-Optionsgesellschaft schwer. Der Journalist und Buchautor Oliver Jerges betitelte seine eigene Generation nicht umsonst mit dem Schlagwort „Generation Maybe" (Jerges 2014).

Das spiegelt sich in den Lebensläufen der jungen Generation wider. Das bisher feste Schema Ausbildung, Arbeit, Familie, Rente verwässert sich, Lebensphasen greifen ineinander, verschieben sich, wiederholen sich. Ein abgeschlossenes Studium bedeutet nicht zwangsläufig einen gesicherten Arbeitsplatz. Teilzeitjobs oder befristete Verträge sind eher an der Tagesordnung. Umgekehrt geht der Ypsiloner unbekümmerter mit Jobwechsel um, legt auch ab und zu mal eine Auszeit ein. Die Familienplanung wird entsprechend nach hinten verlegt. Nichts ist mehr für die Ewigkeit festgelegt, Veränderungen und Neuanfänge sind fest eingeplant – seien sie freiwillig oder unfreiwillig. Das gilt für den Job genauso wie für Partnerschaften.

Doch sind sie mal in der Berufswelt angekommen, sind ihnen Gestaltungsfreiräume, Weiterbildungsmöglichkeiten, maximale Flexibilität, ein gutes Team und Vereinbarkeit von Beruf und Familie mindestens genauso wichtig wie ein gutes Einkommen (Huber und Rauch 2013, S. 30). Kerstin Bund beschreibt in ihrem Buch „Glück statt Geld" eine Generation, die ganz und gar nicht faul ist, wir ihr von manchen Kritikern vorgeworfen wird. Im Gegenteil ist sie alles zu geben

---

[1] Wunderbar bildlich dargestellt mit der Strichzeichnung Lucy in Urban (2013).

bereit, wenn sie darin Sinn, Selbstverwirklichung und noch genügend Zeit für Freizeit und Familie sieht (Bund 2013). Die Generation Y strebt nach „Glück statt Geld, Freizeit statt Karriere, Privatleben statt Macht" (Pauer 2014, S. 42).

Obwohl größtenteils behütet und in Wohlstand aufgewachsen, erlebt die junge Generation derzeit eine Welt mit unsicheren Zukunftsaussichten. Die weltweite Wirtschafts- und Finanzkrise, die Klimaveränderung, die Kriege im Nahen Osten und der Ukraine verdeutlichen dies genauso wie die Terroranschläge, die längst nicht mehr vor Europas Grenzen halt machen. Nichts ist mehr sicher. Mit dieser Gewissheit suchen die Ypsiloner die Nähe ihrer Eltern. Anders als jede Generation vor ihr gehen sie nicht auf Distanz oder Opposition zu ihnen, sondern binden sie in ihre Entscheidungen ein (Hurrelmann und Albrecht 2014, S. 41 f.). Und weil es grundsätzlich auf die Dauer hart ist, sich allein den Unwägbarkeiten des Lebens zu stellen, bilden sich immer mehr Formen von Gemeinschaftlichkeit heraus. Menschen tun sich zusammen, um gemeinsam ein Ziel zu erreichen. Eine Kultur des „Wir" etabliert sich, wenn auch mit eigennützigen Motiven (Brühl und Kelber 2015). So paradox es klingen mag: Je individualistischer der Lebensentwurf, desto wichtiger ist die Unterstützung durch das eigene Netzwerk.

3.2   Wie die Generation Y die Arbeitswelt umkrempelt

Mit der Generation Y erobert eine anspruchsvolle Generation den Arbeitsmarkt. Sie ist bestens ausgebildet und tritt entsprechend selbstbewusst auf. Bisweilen auch als Millenials, Digital Natives, Generation Me, Me, Me oder Net-Generation bezeichnet, stehen sie derzeit sehr stark im Fokus der Medien, sind Gegenstand zahlreicher Management-Studien und Fachbücher. Kein Wunder, denn in wenigen Jahren stellen sie die Mehrheit der arbeitenden Bevölkerung. Studien lassen keinen Zweifel daran, dass insbesondere die Hochschulabsolventen mit anderen Einstellungen und Ansprüchen in die Berufswelt gehen als alle Generationen zuvor. Laut einer Umfrage der Unternehmensberatung Ernst & Young (Hergert und Stratmann 2013) nennen 72 % der Befragten Entfaltungschancen als höchstes Kriterium für die Arbeitgeberwahl, 56 % die Work-Life-Balance. Nur 35 % sind Karriereoptionen besonders wichtig. Gesprochen wie das englische Wort „Why" stellt diese Generation alte Gewissheiten in Frage. In einer individualisierten Gesellschaft ist diese Generation allerdings alles andere als eine homogene Gruppe. Sie ist schwer zu fassen und eine große Herausforderung insbesondere für Unternehmen, die ihr Personalmanagement im „War for Talents" von Grund auf überdenken müssen.

Die Generation Y, also die zwischen 1980 und 2000 Geborenen, ist in einer Gesellschaft aufgewachsen, die durch Internationalisierung und weltweite

Verflechtungen des Wirtschaftsgeschehens geprägt ist. Die Welt ist kleiner geworden, Grenzen leichter überwindbar. Vor allem Studenten und Hochschulabsolventen zieht es in die Welt. Gleichzeitig wird die Globalisierung mit Umweltzerstörung, Arbeitslosigkeit und Armut in Verbindung gebracht. Unsichere Zeiten erlebt die Gen Y aber auch im eigenen Land: hohe Arbeitslosigkeit, zu wenig Ausbildungsplätze, soziale Einschnitte durch die Agenda 2010, unsichere Beschäftigungsverhältnisse durch Leiharbeit und Minijobs. Die weltweite Finanzkrise ab 2007 und die sich daran anschließende europäische Schuldenkrise sorgten für neue Unsicherheit. Zugleich begannen die Auswirkungen des demografischen Wandels spürbar zu werden. Einer anhaltend niedrigen Geburtenrate steht ein wachsender Anteil der älteren Bevölkerung gegenüber. Folglich schrumpft der erwerbsfähige Teil der Bevölkerung und wird tendenziell älter.

Viele Unternehmen haben Probleme, freie Stellen zu besetzen. Es wird ein **Fachkräftemangel** (McDonald's Deutschland Inc. 2013) beklagt. Aus dem „Fortschrittsbericht 2014 zum Fachkräftekonzept der Bundesregierung" geht hervor, dass es für mehr als 70 % der Unternehmen derzeit sehr oder eher schwer ist, neue und ausreichend qualifizierte Mitarbeiter zu finden. Für die Bundesregierung bleibt die „Fachkräftesicherung angesichts der stetig wachsenden Nachfrage nach Fachkräften und des demografischen Wandels ein Schlüsselthema der deutschen Wirtschaft und eine der größten Herausforderungen für Deutschland insgesamt" (Bundesministerium für Arbeit und Soziales (2015). Mittlerweile ist es an den Firmen, geeignete Strategien zu finden, um potenzielle Mitarbeiter anzuziehen, zu motivieren und zu halten. **Employer Branding** oder das Schaffen einer Arbeitgebermarke ist eine der großen Herausforderungen im Personalmanagement von Unternehmen. Attraktivitätsattribute sind neben dem Image vor allem interne Größen wie Leistungsmotivation, Unternehmenskultur und Mitarbeiterbindung (Employer Branding 2015).

Was die Gen Y von Arbeitgebern fordert
Für jetzige und künftige Berufseinsteiger steigen Berufs- und Karrierechancen merklich. Besonders die gut ausgebildeten Vertreter der Generation Y können es sich leisten, Forderungen an den potenziellen Arbeitgeber zu stellen (Hurrelmann und Albrecht 2014, S. 68). Ganz oben auf der Liste stehen laut den Ergebnissen der Studie von Kienbaum (2009/2010) eine herausfordernde Tätigkeit (64 %) bei angemessener Vergütung (57 %) in einem kollegialen Umfeld (51 %) (Kienbaum 2009/2010). Auch die Vorstellung dessen, was **Karriere** bedeutet, hat sich gewandelt. Wurde früher Karriere mit einem hohen Gehalt und Führungspositionen in Verbindung gebracht, zählen heute andere Attribute. Der Students Survey 2014, den die Agentur ohne Namen GmbH jährlich durchführt, zeigt, dass für 38 % der

Befragten eine Karriere ein „stetiger Weg zu persönlichem Wachstum, Selbstverwirklichung und Befriedigung" bedeutet. Für 30 % besteht Karriere aus einem „erfüllenden, sinnstiftenden Gefühl bei der Arbeit". Nur vier Prozent bringen Karriere in Verbindung mit einer Führungsposition, und lediglich sieben Prozent verstehen darunter ein hohes Gehalt. Wollen Unternehmen attraktiv für zukünftige Mitarbeiter sein, müssen sie die neuen Vorstellungen von Karriere anerkennen und den nötigen Freiraum zur Selbstverwirklichung bieten (Agentur ohne Namen 2014).

Was die Generation Y zu geben bereit ist

„Wollen die auch arbeiten?" titelte 2013 die Zeit bewusst provokativ und spielte damit auf gängige Vorurteile gegenüber der jungen Generation an, sie sei faul, verwöhnt und arbeitsscheu (Heuser und Kunze 2013). Studien kommen jedoch zu einem anderen Ergebnis. Die Generation Y weiß genau, dass gute Bildung über Erfolg oder Misserfolg im Beruf entscheidet (Hurrelmann und Albrecht 2014, S. 52). Laut der Shell-Jugendstudie von 2010 haben nie zuvor mehr Jugendliche das Abitur oder einen mittleren Abschluss gemacht (Shell Deutschland Holding 2010, S. 75). In der Schule stehen Fleiß und Ehrgeiz wieder hoch im Kurs, gepaart allerdings mit einer gehörigen Portion Leistungsdruck, der nicht zuletzt von den Eltern kommt.

Auch im Berufsleben, so zeigt die Signium Trendstudie (Huber und Rauch 2013, S. 36), zeigen die Ypsiloner kein fehlendes, sondern ein verändertes Leistungsverständnis. So hat die überwiegende Mehrheit der Befragten angegeben, dass sie bereit sind, alles zu geben, solange der Job Spaß macht. Zwei Drittel arbeiten auch gerne länger, wenn sie entsprechend Anerkennung für ihre Leistung bekommen. Ähnlich viele fühlen sich zusätzlich durch „positiven Stress" motiviert (Huber und Rauch 2013, S. 36). Der Anreiz für Leistung im Job liegt heute eher in mehr Raum für Kreativität, Mitgestaltung und Selbstbestimmung als in alten Karrieremodellen von Aufstieg und mehr Gehalt.

Was das Personalmanagement tun kann

Das Personalmanagement von Unternehmen steht vor der Herausforderung, eine veränderte Unternehmenskultur mit mehr Freiräumen zu schaffen. Sie muss neue Anreizmechanismen entwickeln, die auf Leistungsprinzipien ebenso aufbauen wie auf dem Ziel der Talent- und Persönlichkeitsentwicklung. Im Folgenden werden zwei Aspekte herausgegriffen, die dabei nicht vernachlässigt werden sollten und – versehen mit einem geeigneten Katalog an Maßnahmen – wesentlich dazu beitragen können, Nachwuchskräfte zu motivieren und im Unternehmen zu halten.

Vereinbarkeit von Familie und Beruf

Das Unternehmensnetzwerk „Erfolgsfaktor Familie" hat im Oktober 2014 mehr als 4000 Frauen und Männer im Alter zwischen 18 und 34 Jahren nach ihren Vorstellungen zum Thema Vereinbarkeit von Beruf und Familie befragt (Erfolgsfaktor Familie 2014). Das Ergebnis ist eindeutig. Für insgesamt 97 % gehört zu einem guten Leben, dass Beruf und Familie unter einen Hut gebracht werden können. Dabei gab es weder nach Alter noch nach Geschlecht der Befragten signifikante Unterschiede in der Bedeutung des Themas. Während es 97 % der Befragten sehr wichtig oder wichtig finden, dass ihr Arbeitgeber es ermöglicht, Familien- und Berufsleben gut zu vereinbaren, glauben nur 26 % an tatsächlich familienfreundliche Strukturen in Unternehmen. Dementsprechend hoch sind die Erwartungen an den Arbeitgeber. Insbesondere bei flexiblen Arbeitszeitmodellen könnten sich viele (77 %) vorstellen, eine Familie zu gründen. Für 58 % wären mobile Arbeitsmöglichkeiten ein Anreiz und für eine knappe Mehrheit der Befragten eine betriebliche Kindertagesstätte.

Jutta Trump, Direktorin des Instituts für Beschäftigung und Employability in Ludwigshafen, sieht den hohen Stellenwert, den das Thema Vereinbarkeit der Familie mit dem Beruf derzeit genießt, als Resultat der veränderten gesellschaftlichen Rahmenbedingungen. In der komplexen und schnelllebigen Welt scheint gerade die Generation Y ein Grundbedürfnis nach Sicherheit und Stabilität zu spüren, wie sie in der Familie zu finden sind (Trump 2013, S. 28). Ergebnisse der Shell Jugendstudie von 2010 zeigen, dass mehr als drei Viertel der Jugendlichen (76 %) für sich feststellen, dass man eine Familie braucht, um wirklich glücklich leben zu können (Shell Deutschland Holding 2010, S. 57).

Andererseits versteht die junge Generation nicht, warum der berufliche Aufstieg zwangsläufig in der Lebensphase stattfinden muss, in der auch die Familiengründung auf dem Plan steht. Karrierewege müssten vielfältiger gestaltbar sein. „Das heißt: Karriere sollte in jedem Alter möglich sein, wodurch sich auch der sogenannte Lebensstau entzerrt, jene Phase im Alter zwischen 20 und 40 Jahren, in der derzeit noch die meisten entscheidenden Weichenstellungen im privaten und beruflichen Bereich erfolgen müssen" (Trump 2013, S. 28).

Bildung und lebensbegleitendes Lernen

Weltweit hat sich in allen entwickelten Regionen die Dienstleistungsgesellschaft herausgebildet, ein Trend, der sich auch auf dem Arbeitsmarkt widerspiegelt (Abb. 3.1).

Unternehmen suchen verstärkt nach hochqualifizierten Arbeitskräften, die sich durch ein Höchstmaß an Selbstmanagement, Kreativität, Motivation und Kommunikationsfähigkeit auszeichnen. Softskills werden zu Hardskills. Gewinner dieser strukturellen Veränderung sind Akademiker.

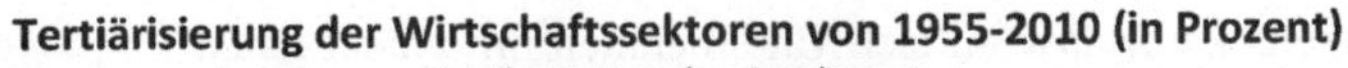

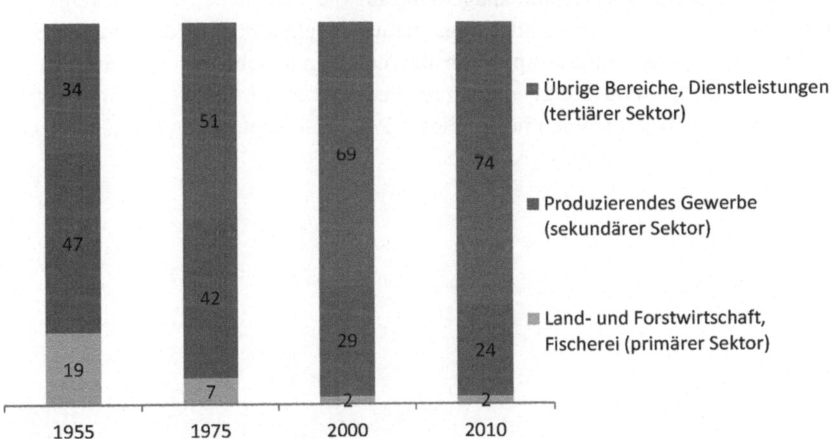

Abb. 3.1 Tertiärisierung der Wirtschaftssektoren. (Quelle: Daten von Statistisches Bundesamt 2015e)

Das Bundesministerium für Arbeit und Soziales (BMAS) ließ 2013 eine Prognose zur Arbeitsmarktentwicklung bis 2030 erstellen (Bundesministerium für Arbeit und Soziales 2013). Demnach wird die Zahl der Erwerbstätigen mit Hochschulabschluss bis 2030 um rund 3 Mio. steigen. Während diese gute Chancen in leitenden Tätigkeiten, technischen Berufen, wissenschaftlichen Positionen oder in akademisch ausgerichteten Gesundheitsberufen haben, sinkt die Nachfrage deutlich in den Fertigungsberufen. Laut der Prognose werden bis 2030 allein im Bereich der Unternehmensdienstleistungen rund 750.000 Arbeitsplätze entstehen. Bildung und Weiterbildung bekommen mit diesem Hintergrund einen neuen Stellenwert. Berufsbegleitendes Lernen wird immer wichtiger, weil sich der Anteil der älteren Arbeitnehmer erhöht. Sie müssen Schritt halten können, um weiterhin den sich ständig wandelnden Anforderungen am Arbeitsplatz zu genügen. Doch das gilt auch für die jüngeren Arbeitnehmer: Zu schnell veraltet einst gelerntes Wissen. Lebensbegleitende Lernbereitschaft bis zur Rente wird Bestandteil der Multigrafie und zum persönlichen Investment in die eigene „Employability", also Beschäftigungsfähigkeit (Zukunftsinstitut 2011, S. 56).

Für die Generation Y gehört Weiterbildung zu den wichtigsten Kriterien bei der Jobsuche (Huber und Rauch 2013, S. 33). Technisch affin wie sie sind, nutzen sie vor allem Online-Bildungsangebote – mobil, flexibel und immer verfügbar. Der Weiterbildungsmarkt boomt. In ihrer Studie „Unternehmen lernen online – Corporate Learning im Umbruch" schätzt die Unternehmensberatung Roland Berger, dass allein der Markt für Online-Bildungsangebote bis 2017 um mehr als 20 % pro Jahr wachsen wird (Roland Berger Strategy Consultants GmbH 2014, S. 4).

Einerseits konzentrieren sich Unternehmen mit einem guten Employer Branding und gezieltem Personalmanagement auf die beruflichen Neueinsteiger der Generation Y, von denen es allerdings nicht so viele gibt. Auf der anderen Seite steht die stetig wachsende Gruppe von aktiven und junggebliebenen Menschen, die 55 Jahre und älter sind und über einen reichen Schatz an Lebens- und Berufserfahrung verfügen. Unternehmen ließen dieses Potenzial lange ungenutzt. Zu unrecht.

Best Ager, Platin Surfer, Silver Generation – gibt es die neuen Alten?   4

Die Welt altert. In fast allen Regionen steigt die Lebenserwartung, während immer weniger Menschen geboren werden. Die Älteren werden nicht nur immer älter, sondern auch immer mehr. Der Anteil der Über-60-Jährigen in der noch immer wachsenden Weltbevölkerung ist in den letzten Jahrzehnten stetig gestiegen. Den Vereinten Nationen zufolge waren im Jahr 2005 weltweit 672 Mio. Menschen über 60 Jahre alt. Bis 2050 werden es etwa 2 Mrd. sein (United Nations 2001). Das ist ein Anstieg von 330 %! Versorgungs- und Sicherungssysteme, urbane Entwicklung, Bildungs- und Familienpolitik, die Arbeitswelt: Kaum ein Bereich ist ausreichend auf den demografischen Wandel vorbereitet. Einige Zahlen für Deutschland und Europa lassen die Tragweite des weltweiten Megatrends erahnen: Das Statistische Bundesamt prognostiziert, dass bereits in 10 Jahren in Europa rund 30 % aller Menschen über 60 Jahre alt sein werden (Statista 2015). In der Länderdatenbank der Stiftung Weltbevölkerung wird ersichtlich, dass es in Europa schon jetzt mehr Über-60-Jährige als Unter-15-Jährige gibt. Deutschland ist im europäischen Vergleich Spitzenreiter beim Altern. Das Medianalter beträgt 45 Jahre, d. h., die Anzahl der Menschen, die älter oder jünger als 45 sind, ist gleich. In Irland, dem „jüngsten" Land Europas, sind es 35 Jahre (BiB 2013). Gleichzeitig schrumpft die Zahl der Bevölkerung Deutschlands. Waren es 2014 noch 80 Mio. Einwohner, sagt das Statistische Bundesamt bis 2060 nur noch 73,1 Mio. (bei starker Zuwanderung) voraus (Statistisches Bundesamt 2015b).

Ein Leben in Frieden, Sicherheit und Wohlstand, gepaart mit den medizinischen Neuerungen und dem verbesserten Bildungssystem, führt dazu, das es heute vielen älteren Menschen sehr gut geht. Und sie fühlen sich heute fünf bis zehn Jahre jünger, als sie tatsächlich sind. Dass dies nicht nur ein subjektives Empfinden ist, hat jüngst eine Studie mehrerer Berliner Forschungseinrichtungen gezeigt (Gerstorf et al. 2015). Demnach sind 75-Jährige heute erheblich fitter als ihre Altersgenossen vor 20 Jahren.

© Springer Fachmedien Wiesbaden 2016
D. Ewinger et al., *Arbeitswelt im Zeitalter der Individualisierung*, essentials,
DOI 10.1007/978-3-658-12753-4_4

Die „neuen Alten" erleben das Alter sehr viel positiver, als eine Zeit voller Chancen, die die persönliche Multigrafie bereichern. Viel mehr Menschen erreichen heute ein hohes Alter bei kaum eingeschränkter Gesundheit. Sie fühlen sich jung, halten sich fit und bleiben aktiv. Oft genießen sie ihren materiellen Wohlstand („späte Freiheit"), engagieren sich aber auch zunehmend. Das Alter wird neu bewertet, neue Bilder vom Altsein und Älterwerden etablieren sich in den Köpfen (Institut für Demoskopie Allensbach 2012, S. 1).

In unserer individualisierten Gesellschaft ist nun die 68er Generation, geboren in den 1940er und 50er Jahren, in ihrer nachberuflichen Karriere angekommen – tief geprägt von den 68er-Rebellionen, der Politisierung des Volkes in den 70er Jahren, der Wirtschaftskrise und dem Technologiewandel in den 80er Jahren und schließlich der Digitalisierung und Globalisierung der 90er Jahre. Zusammen mit der Babyboomer-Generation bilden sie die größte Bevölkerungsgruppe in unserer Gesellschaft und sind in sich so heterogen wie die derzeitige Generation Y. Eine neue Alterskultur mit vielen individuellen Formen des Alterns entsteht.

4.1 Allgemeine Arbeitsmarktsituation

Der demografische Wandel zeigt in Deutschland längst seine Wirkung und stellt den deutschen Arbeitsmarkt in den kommenden Jahrzehnten vor große Herausforderungen. Die Bevölkerung im Erwerbsalter wird nach Schätzungen um gut 6 Mio. bis zum Jahr 2030 sinken (Bundesministerium für Arbeit und Soziales 2013, S. 9). Gleichzeitig nimmt die Gruppe älterer Erwerbspersonen zu. Nach Angaben des Statistischen Bundesamtes waren im Jahr 2011 über elf Millionen Menschen in Deutschland 55 bis 64 Jahre alt, eine Million mehr als noch fünf Jahre zuvor. Im Jahr 2020 werden es schätzungsweise 14 Mio. sein, also 35 % der gesamten erwerbsfähigen Bevölkerung (Statistische Ämter des Bundes und der Länder 2009, S. 14.). Auf politischer Ebene wird in Deutschland stark diskutiert, welche Konsequenzen der demografische Wandel für den Arbeitsmarkt haben wird. Unumstritten ist, dass der bereits bestehende Fachkräftemangel sich mit dem Ausscheiden der Babyboomer-Generation weiter verschärfen wird. Es gibt bereits vielfältige Konzepte, die dem entgegenwirken sollen. Viel zu lange vernachlässigt wurde dabei die immer größer werdende Gruppe älterer Erwerbstätiger, die mit ihrem Potenzial und reichen Erfahrungsschatz dringend gebraucht werden. Die „jungen Alten" sind heute gesünder und aktiver, als ältere Menschen es noch vor wenigen Jahrzehnten waren. Doch statt sie aktiv einzubinden, förderten viele Unternehmen seit den 90er

Jahren Altersteilzeit- und Vorruhestandsregelungen. Dadurch gelang es kurzfristig, den Altersdurchschnitt in den Unternehmen zu senken und die Arbeitslosenstatistik abzumildern (Bendl 2004, S. 15). Dazu kommt, dass in konjunkturell schwachen Zeiten viele Unternehmen den scheinbar hohen Preis für die Beschäftigung von älterem Personal (verstärkter Kündigungsschutz, längere Fehlzeiten durch Krankheit) nicht zahlen wollten. Dies hatte schließlich zur Folge, dass im Jahr 2000 nur 37 % der Deutschen im Alter zwischen 55 und 64 erwerbstätig waren (Esselmann und Geis 2015, S. 5).

Wie kann es sein, dass der scheinbar offensichtliche Wert älterer Erwerbstätiger nicht gesehen wurde? Schuld sind wohl zu einem großen Teil die vorherrschenden Altersbilder in unseren Köpfen. Gemeint sind die allgemein in der Gesellschaft verbreiteten Ansichten über das Älterwerden, Altsein und ältere Menschen. Für die Betroffenen haben diese Ansichten große Bedeutung und können beispielsweise in der Arbeitswelt zu diskriminierenden Erlebnissen führen. Oft werden Zweifel an der Leistungsfähigkeit oder -bereitschaft älterer Arbeitnehmer gehegt, ihnen wird weniger Flexibilität zugeschrieben und weniger Offenheit für Neues. Problematisch ist, dass ältere Arbeitnehmer das oft selbst glauben, denn auch sie tragen seit vielen Jahren ausgeprägte Altersbilder im Kopf. Folglich trauen sie sich selbst weniger zu (Wurm et al. 2013, S. 4).

Um dem demografischen Wandel adäquat begegnen zu können und dem neuen Selbstverständnis der älteren Generation gerecht zu werden, sind nicht nur politische Anpassungen und betriebliche Maßnahmen notwendig. Wir müssen darüber nachdenken, was Alter und Altern in unserer individualisierten Gesellschaft bedeutet. Wir brauchen eine neue Alterskultur. Auch wenn es deutsche Arbeitnehmer über 50 noch immer deutlich schwerer haben als jüngere, aus der Arbeitslosigkeit zurück in die Erwerbstätigkeit zu gelangen (Bundesagentur für Arbeit 2013) – eine Umorientierung weg von der „Entberuflichung" des Alters (Thieme 2008, S. 292) hat bereits stattgefunden. Der Anteil der Erwerbstätigen an der Gruppe der 55- bis 64-Jährigen stieg in Deutschland 2012 auf über 60 % (IZA 2015). Der OECD-Durchschnitt lag im selben Jahr bei 54 %. Spitzenquoten bei der Beschäftigung Älterer erreichen die skandinavischen Länder, z. B. Island mit dem höchsten Wert von 79,2 % (Albiser und Wittenberg 2014).

Wissenschaft, Politik und Unternehmen liefern eine Vielzahl von Ansätzen, wie man durch Investitionen in gesundheitliche Vorsorge und Bildung die Potenziale älterer Mitarbeiter nutzen kann. Bei all diesen Erwägungen darf jedoch nicht aus dem Blick geraten, dass das „gute Leben im Alter" eine Errungenschaft ist, die nicht durch eine reine Leistungsorientierung gefährdet werden darf (Thieme 2008, S. 299).

4.2 Das Bild vom Altern

„Man wird alt, wenn es einen die anderen wissen lassen", schreibt Herrad Schenk. (2007, S. 21)

Altersbilder in der Gesellschaft haben großen Einfluss darauf, wie Menschen in der zweiten Lebenshälfte bewertet werden und wie aktiv sie sich am gesellschaftlichen und Arbeitsleben beteiligen. Obwohl ältere Menschen – genau so wenig wie „die Einwanderer" oder „die Politiker" – eine homogene Gruppe darstellen, wird oft suggeriert, sie seien entweder hilfsbedürftig, jung wie nie zuvor, weise und gütig, oder gar, auf Grund ihrer wachsenden Zahl, übermächtig.

Joachim Gauck verwendete im März 2015 in seiner Rede zur Ausstellungseröffnung „Dialog mit der Zeit – neue Altersbilder" (Gauck 2015) das Bild von der Lebenstreppe. Sie veranschaulicht gut das Bild vom Altern, wie es im 19. Jahrhundert vorherrschte (siehe Abb. 4.1). Nach Geburt, Heirat und Familiengründung blickte der Mann mit 40 Jahren stolz auf das bisher Geleistete zurück. Mit 50 war dann der Zenit des Lebens erreicht, nach dem „Stillstand" ging es nur noch abwärts. Im Alter ruhte er sich aus und nahm schließlich Abschied. Obwohl sich seitdem vieles geändert hat, prägt dieses Bild vom Abstieg auf der Lebenstreppe

Abb. 4.1 Die Lebenstreppen des Mannes. (o. V. ca. 1840)

noch immer unsere Vorstellungen vom Alter. Allerdings geht es für die meisten 50-Jährigen in Deutschland noch längst nicht abwärts. Joachim Gauck sprach von einem „Hochplateau, eine früher sehr seltene Lebensphase in guter körperlicher und mentaler Verfassung, die persönliches Fortkommen oder auch Neuorientierung ermöglicht. […] Als Individuen haben wir die Möglichkeit, diese Hochplateau-Zeit auszudehnen. Und als Gesellschaft haben oder hätten wir es in der Hand, die Chancen dieser Lebensphase möglichst vielen zu eröffnen." (Gauck 2015)

Wie entstehen eigentlich Altersbilder? Bereits als Kinder verinnerlichen wir unreflektiert Stereotypen, die wir von unseren Eltern, aus Büchern oder dem Fernsehen kennen. Im Gegensatz zu anderen Stereotypen, die sich auf Personengruppen beziehen, denen man höchstwahrscheinlich nie angehören wird (z. B. dem jeweils anderen Geschlecht) beziehen sich Altersstereotype auf eine Personengruppe, der man zunächst nicht angehört, aber unweigerlich in sie hineinwächst, wenn man nur lang genug lebt (Levy 2003; zitiert in Wurm et al. 2013, S. 5). Daher beziehen ältere Menschen angelernte Altersstereotype nicht nur auf andere, sondern auch auf sich selbst. Das kann sich negativ auswirken hinsichtlich der Sichtweise auf Altersgenossen, aber auch auf den Umgang mit sich selbst (Rothermund und Brandstätter 2003; zitiert in Wurm et al. 2013, S. 5).

Von diesen individuellen Altersbildern unterscheiden Gerontologen die gesellschaftlichen Altersbilder, wie sie beispielsweise in der politischen Diskussion aufgrund von veränderten Rahmenbedingungen entstehen. Wurde das Altern noch vor wenigen Jahrzehnten mit dem Rückzug aus dem öffentlichen Leben assoziiert, werden heute angesichts des Fachkräftemangels die Potenziale des Alters und die Bedeutung des aktiven Alterns betont (vgl. Bundesministerium für Familie, Senioren, Frauen und Jugend 2010). Altersbilder können sich also wandeln. In einer individualisierten und vielfältigen Gesellschaft gibt es auch nie nur ein Altersbild, sondern viele. Und sie sind abhängig von der sozialen Herkunft und dem Bildungsstand.

Vorherrschende Altersbilder in der Arbeitswelt
Die negativen Altersbilder von gesundheitlich labilen, verbrauchten, unflexiblen, langsamen oder passiven Alten sind tief in der Gesellschaft, und vor allem in der Arbeitswelt verankert.

Älteren Menschen wird oft unterstellt, dass sie weniger produktiv seien als ihre jüngeren Kollegen. Konkret hält man sie für weniger lernfähig oder -willig, weniger belastbar, weniger flexibel und weniger kreativ. Umgekehrt wird ihnen mehr Erfahrungswissen, höhere Loyalität, Arbeitsmoral und Qualitätsbewusstsein zugeschrieben (Korf und Biemann 2013, S. 46). Eine Auswertung von insgesamt 117 wissenschaftlichen Artikeln, die sich mit Altersstereotypen am Arbeitsplatz auseinandersetzen, identifizierte die drei gängigsten Altersstereotype (Posthuma und Campion 2009; zitiert in Korf und Biemann 2013, S. 46). Ältere Mitarbeiter verfügen demnach erstens über geringere Fähigkeiten, sind weniger motiviert und weniger produktiv. Zweitens sind sie schwerer weiterzubilden, weniger anpassungsfähig, weniger flexibel und widersetzen sich stärker Veränderungen. Schließlich gelten sie als weniger lernfähig und weisen folglich ein geringeres Entwicklungspotenzial auf als ihre jüngeren Kollegen. Die Autoren dieser Untersuchung fanden allerdings kaum haltbare Belege für diese weit verbreiteten Ansichten. Im Gegenteil: Wissenschaftliche Untersuchungen zeigten, dass es keinen Zusammenhang zwischen dem Alter und der Arbeitsleistung gibt, und es konnte nur ein minimaler negativer Zusammenhang zwischen Alter und Weiterbildungsfähigkeit festgestellt werden. Dafür entwickeln sich das Arbeitsengagement und das Verhalten gegenüber Kollegen im Alter sogar leicht positiv. Ältere Arbeitnehmer sind außerdem weniger kontraproduktiv, verhalten sich weniger aggressiv und kommen in der Regel pünktlich zur Arbeit (Korf und Biemann 2013, S. 46).

Die negativen Stereotype konnten widerlegt werden, während die positiven der Realität entsprechen. Wie kommt es, dass sich die negativen Stereotype trotzdem hartnäckig halten? Wie zahlreiche Studien belegen, bilden sich in unseren Köpfen automatisch Stereotype, sobald wir Menschen begegnen (z. B. Blair und Banaji 1996). Treffen wir beispielsweise auf ältere Menschen, aktivieren wir unsere Altersbilder, indem wir unbewusst Eigenschaften aufrufen, die wir mit dem Altsein verknüpfen (z. B. alt=weise oder vergesslich). Trotz diverser Bemühungen, die diskriminierendes Verhalten vermeiden sollen, ist es allerdings fraglich, ob die bewusste Kontrolle von Stereotypen überhaupt möglich ist. Allein die Einsicht, dass ältere Arbeitnehmer dringend gebraucht werden, reicht nicht. Genauso wichtig ist, dass Personalmanager auf kognitive Ressourcen zurückgreifen, um Altersbilder zu unterdrücken. Kognitive Ressourcen sind Kapazitäten im Gedächtnis, die bestimmten Aufgaben zugewendet werden können (Bittner 2011). Um potentielle Arbeitnehmer möglichst vorurteilsfrei bewerten zu können, ist es entscheidend, sich voll und ganz auf die Person zu konzentrieren, um ihre individuellen Eigenschaften, Einstellungen und Verhaltensweisen im Detail wahrnehmen und auf dieser Grundlage die Personalentscheidung treffen zu können. Geschieht dies nicht, beeinflussen Altersstereotype Personalentscheidungen erheblich – und das mit weitreichenden Folgen. Ältere Arbeitnehmer haben kaum Aufstiegschancen und werden regelmäßig bei Personalentwicklungsmaßnahmen übergangen. Monotone Arbeiten und einseitige Belastung am Arbeitsplatz werden ebenfalls als Faktoren für ein falsches Bild vom Alter gesehen (Tschechne 2011). Das kann sich dann tatsächlich negativ auf die Produktivität von Unternehmen auswirken. Altersdiskriminierendes Verhalten bleibt aber auch nicht ohne Folgen für den betroffenen Mitarbeiter. Laut Kessler et al. neigen wir dazu, gegen uns gerichtete negative Stereotype in unser Selbstbild zu übernehmen und sie auf diese Weise zu bestätigen

(„self-fulfilling prophecy") (Kessler et al. 2010, S. 273). Eine Untersuchung britischer Wissenschaftler aus dem Jahr 2012 scheint dies zu bestätigen. Dabei kam heraus, dass Ältere bei einem Leistungstest schlechter abschnitten, wenn man ihnen ankündigte, dass sie mit Jüngeren verglichen werden (Mühlberger 2014, S. 136). Eine Studie von Levy zeigte 1996, dass die Konfrontation älterer Menschen mit dem Senilitätsstereotyp zur Verschlechterung der Gedächtnisleistung und ihrer Einstellung gegenüber dem Altern führte (Levy 1996; zitiert in Kessler et al. 2010, S. 273). Wenn der beschriebene Anpassungseffekt sich tatsächlich in mangelnder Motivation und Leistung der Angestellten niederschlägt, wirkt sich dies natürlich negativ auf die Unternehmen aus.

Interessant ist das Ergebnis einer Befragung von Personalverantwortlichen, die der Gerontologe Gerhard Naegele im Jahr 2002 durchführte (Naegele 2002; zitiert in Naegele 2010, S. 259 f.). Er fand heraus, dass in kleinen Betrieben die Leistung der Älteren deutlich positiver bewertet wurde als in größeren Betrieben. Dies deutet darauf hin, dass die genannten Vorurteile im persönlichen Umgang widerlegt werden können und sich verstärken, wenn Personalbeauftragte wenig Kontakt zu den Mitarbeitern haben.

Unbewusste und automatisierte Altersstereotype beeinflussen die Personalpolitik und können zu falschen, teilweise diskriminierenden Entscheidungen führen. Nicht alle Gruppen von Mitarbeitern sind gleichermaßen von Altersdiskriminierung betroffen. So bemerkt Engstler, dass Personen in niedrigerem Berufsstand auf dem Arbeitsmarkt besonders wenig Wertschätzung erfahren. Deutlich häufiger scheiden sie vorzeitig aus dem Berufsleben aus (Engstler 2006, S. 119). Demnach ist „Alter" eine negative Zuschreibung, die den Individuen willkürlich je nach sozialem Milieu zu unterschiedlichen Zeitpunkten aufgezwungen wird.

4.3 Maßnahmen für eine Kultur der Arbeit im Alter

Lebensbegleitendes Lernen und mehr Freiheiten im Lebenslauf
Weil älteren Mitarbeitern aufgrund althergebrachter Altersstereotype weniger zugetraut wird, geht Unternehmen unglaublich viel Potenzial verloren. Kruse und Schmitt stellen hierzu fest, „dass die Rollen, die unsere Gesellschaft älteren Menschen zur Verfügung stellt, in einem nicht mehr tolerierbaren Maße deren Möglichkeiten und Bedürfnisse unterfordern" (Kruse und Schmitt 2010, S. 20). Man sollte jedoch nicht versuchen, diese neuen Möglichkeiten zu quantifizieren und sie auch nicht auf ihr wirtschaftliches Potenzial reduzieren. Viel sinnvoller ist es, sie zum Nutzen von Individuum und Unternehmen einzusetzen, denn auf diese Weise bleiben sie langfristig erhalten.

Das Konzept des lebensbegleitenden Lernens stellt eine solche Möglichkeit dar. Paul Baltes weist darauf hin, dass Kompetenzen und Interessen sich über die Arbeitslaufbahn hinweg verändern – dennoch werden Arbeitnehmer nur selten nach Änderungsbedarf gefragt. Dies habe dann zur Folge, dass die Freude am Beruf verloren gehe (Baltes im Interview mit Karberg 2004, S. 20). Zusätzlich veralten die Qualifikationen der Mitarbeiter zwangsläufig, wenn diese nicht regelmäßig weitergebildet werden.

Wie alle anderen Lerner haben auch Ältere Besonderheiten, die bei der Konzeption der Bildungsangebote beachtet werden müssen. Baltes zufolge ist eine der Besonderheiten die Tatsache, dass mit steigendem Alter immer mehr kognitive Ressourcen in körperliche Aktivität investiert werden müssen. Je fitter also der Körper, desto mehr verfügbare kognitive Ressourcen (Baltes im Interview mit Karberg 2004, S. 21). Hieraus folgt, dass Investitionen in Gesundheitsvorsorge sehr wichtig für lebensbegleitendes Lernen sind – und das nicht erst ab 50.

Weiterhin muss man sich laut Baltes der Tatsache bewusst werden, dass ältere Lerner ihre im Labor gemessenen Defizite (z. B. Reaktionsfähigkeit, vgl. Börsch-Supan und Weiss 2010, S. 224) durch Lernstrategien und selektive Konzentration ausgleichen (Baltes im Interview mit Karberg 2004, S. 20). Statt die Lernenden durch den ständigen Vergleich mit der Leistung Jüngerer zu demotivieren, sollte man für „Wissenswahn" statt „Jugendwahn" eintreten (Baltes im Interview mit Karberg 2004, S. 22).

Lebensbegleitendes Lernen bedeutet nicht nur den Besuch von Weiterbildungsseminaren. Die Gerontologin Ursula Staudinger schlägt praktische Umsetzungsmöglichkeiten im Berufsalltag vor, z. B. Job-Rotation mit jungen Aufsteigern. Außerdem rät sie dazu, die Universitäten mit postgradualen Studiengängen einzubeziehen, wie bereits geschehen an der TU Dresden (Karberg 2004, S. 23).

Die Realisierung aller Maßnahmen setzt das Wissen bei Unternehmen und Politik voraus, dass Bildung Produktivität bedeutet. Investitionen lohnen sich daher bei allen Gruppen von Arbeitnehmern.

Eine weitere Grundbedingung für lebensbegleitendes Lernen ist eine neue Konzeption des Begriffes „Lebenslauf". Erst, wenn Berufstätige sich Raum für Umqualifizierungen nehmen können und Neuorientierungen nicht mehr als „Karriereknicks" gedeutet werden, können die Lernangebote ihre Wirkung entfalten. Schenk spricht in diesem Zusammenhang von einer „De-standardisierung der Erwerbsbiografie" (Schenk 2007, S. 74) und meint damit kontinuierliche Wechsel von Aus- und Weiterbildung, Erwerbstätigkeit und Auszeiten. Dies müsse auch nach dem Ruhestand möglich sein, z. B. mit verschiedenen Formen bürgerschaftlichen Engagements oder phasenweiser Erwerbstätigkeit.

Motivation durch den Abbau von negativen Vorurteilen

Um die Erwerbsquote der Über-50-Jährigen zu steigern und ältere Mitarbeiter zu motivieren, ist es grundlegend, negative Vorurteile über das Alter abzubauen. Kruse und Schmitt unterstreichen dies: „In dem Maße, in dem Menschen mit dem eigenen Altersprozess potenzielle Gewinne verbinden, nimmt auch die Bereitschaft zu, sich im öffentlichen Raum zu engagieren, diesen aktiv zu gestalten" (Kruse und Schmitt 2010, S. 23). Potenzielle Gewinne sind dabei nicht nur materieller Art. Ältere Menschen profitieren stark von psychosozialen Faktoren, die die Arbeitsfreude maßgeblich beeinflussen: das Gefühl, gebraucht zu werden, Anerkennung, Selbstbewusstsein. Damit älteren Mitarbeitern dieser Lohn ihrer Arbeit zuteil wird, ist ein Umdenken im Personalwesen nötig, weg von Stereotypen.

Vom Betrieb organisierte Freizeitveranstaltungen und Gesundheitsmaßnahmen, vor allem Sport, sind schon längst ein beliebtes Mittel, um die Identifikation mit dem Unternehmen zu stärken. Fraglich ist jedoch, inwieweit diese Aktionen mit den Angestellten abgestimmt werden und ob Aktivitäten außerhalb des eigentlichen Arbeitsumfeldes die Arbeitskultur tatsächlich verändern können. Bendl bezeichnet solche Initiativen von Unternehmen als „Werbegags" (Bendl 2004, S. 16). So zugespitzt, wie es klingt – wahr daran ist, dass komplexere und kostspieligere Veränderungen in der Personalpolitik leichter vertagt werden können, wenn man Firmenveranstaltungen öffentlichkeitswirksam bewirbt.

Einer der wichtigsten Schritte auf dem Weg zu einem guten Arbeiten im Alter ist unaufhörliche Fort- und Weiterbildung, denn sie ermöglicht es den Arbeitskräften, ihre Qualifikation auch im Verlauf ihrer Karriere auf einem hohen Niveau zu halten und sich so Anerkennung zu verschaffen.

Direkte Vorgesetzte haben mit ihrem Führungsstil maßgeblichen Einfluss auf die Arbeitskultur im Alter. Zum einen sollten sie einen regelmäßigen persönlichen Umgang anstreben – das hilft, Vorurteile auf beiden Seiten abzubauen. Tschechne sieht den idealen Chef als aufmerksamen Beobachter, Anreger und Coach (Tschechne 2011). Führungspersönlichkeiten prägen auch das Konzept der „Leistung" und die Auffassung vom Alter im Unternehmen. Es liegt in ihrer Verantwortung, zu überdenken, ob Schnelligkeit und Quantität das Hauptkriterium für einen wertvollen „Leistungsträger" sind.

Eine interessante Perspektive auf das Arbeiten im Alter liefert Rosenmayr, wenn er das Leben Älterer in afrikanischen Gesellschaften beschreibt. Hier gilt das Senioritätsprinzip, das heißt, Ältere rücken Generation für Generation in Machtpositionen nach. Dies führt dazu, dass Menschen dort auch in fortgeschrittenem Alter viel Neues lernen müssen, um in ihren Verantwortungspositionen gute Entscheidungen über aktuelle Themen treffen zu können (Rosenmayr 2010, S. 44).

So altmodisch und fern uns starre Altershierarchien heute auch scheinen mögen – ein „Empowerment der Erfahrungsträger" (Rosenmayr 2010, S. 44) könnte auch hierzulande Mitgliedern älterer Generationen helfen, ihr Leben selbst zu gestalten und so aktiv das Altersbild in der Gesellschaft zu verändern. „Empowerment", das heißt gefragt werden, Verantwortung tragen und mitgestalten.

Arbeiten mit mehreren Generationen
Um Vorurteile abzubauen und zu einer zeitgemäßen Kultur der Arbeit im Alter zu gelangen, ist Kommunikation zwischen den verschiedenen Altersgruppen auf persönlicher Ebene sehr wichtig. Hierzu gehört auch intensive Zusammenarbeit im Berufsleben. Dieses Miteinander kann nicht allein von den Mitarbeitern gestaltet werden; vor allem müssen Vorgesetzte und Personalverantwortliche entsprechende Maßnahmen in die Wege leiten. Der unmittelbare Nutzen für das Unternehmen liegt auf der Hand, zumal eine homogene Altersstruktur im Betrieb zu mangelnder Motivation und sozialen Ausschlussmechanismen führen kann (Jasper et al. 2001, S. 84).

Auch Schenk unterstützt das Konzept der intergenerationellen Zusammenarbeit, mit der Begründung, dass Gelassenheit, Zuverlässigkeit und Erfahrungswissen Älterer sich mit dem Leistungsspektrum jüngerer Mitarbeiter ergänzen und für ein gutes Betriebsklima sorgen (Schenk 2007, S. 77). Dies konnte 2008 in einer Studie nachgewiesen werden. Demnach sind altersgemischte Teams insbesondere bei Arbeitsprozessen, die sowohl Geschwindigkeit als auch Merkfähigkeit, das Lösen unerwarteter Probleme und intensive Kooperation erfordern, im Vorteil (Staudinger et al. 2008; zitiert in Kessler et al. 2010, S. 275).

Kreativität ist eine Eigenschaft, die man eher weniger mit dem Alter verbindet. Wer im „kreativen Bereich" arbeitet, gehört meist der jüngeren Generation an. Nach Arieti ist Kreativität aber in jedem Alter vorhanden – allerdings in unterschiedlicher Ausprägung: „Young creativity is spontaneous, intense and hot from the fire. Older creators sculpt their products with more intermediate processing" (Ariety 1976; zitiert in Kruse und Schmitt 2010, S. 4). Folglich sind intergenerationelle Teams auch bei Aufgaben, die Originalität und Schöpfungskraft erfordern, von Vorteil. Eine intuitive, direkte Herangehensweise, gepaart mit dem Anspruch auf Genauigkeit und Abrundung, kann zu sehr guten und ausgewogenen Arbeitsergebnissen führen.

Wer kann was? Kompetenzanalyse und Wissensmanagement
Generationenübergreifende Teams sind erwiesenermaßen von Nutzen für Mitarbeiter, Gesellschaft und Unternehmen. Je mehr Altersgruppen, desto größer die

Vielfalt der Kompetenzen. Damit solche Teams überhaupt erst entstehen können, müssen Betriebe bereits bei der Rekrutierung ihrer Angestellten auf Ausgewogenheit achten, ohne allerdings eine geschickte Aufgabenverteilung zu vernachlässigen (Börsch-Supan und Weiss 2010, S. 229). Dabei helfen die kontinuierliche Analyse der Kompetenzen aller Kollegen und eine regelmäßige „Kartierung der Arbeitsplatzanforderungen" (Kessler et al. 2010, S. 279), um die Talente der Arbeitnehmer gezielt einsetzen zu können. Kompetenz- und Anforderungsanalysen werden immer wieder die Umgestaltung von Arbeitsabläufen und -stellen erfordern.

Wissensmanagement beschreiben Jasper et al. als die erfolgreiche Neukombination vorhandener Ideen zum richtigen Zeitpunkt. Um erfolgreich Innovationen zu gestalten, müsse folglich immer auch nach neuen Anwendungsmöglichkeiten für alte Ideen gesucht werden (Jasper et al. 2001, S. 65). Wie also kann man den Wissens- und Ideenaustausch zwischen älteren und jüngeren Arbeitskräften realisieren?

Eine Möglichkeit des Wissensaustausches innerhalb von Unternehmen sind sogenannte „Mentor-Mentee-Beziehungen" zwischen Mitarbeitern verschiedenen Alters, wobei sowohl Ältere als auch Jüngere die Mentorenrolle übernehmen können. Solche Beziehungen werden oft von beiden Seiten als Bereicherung wahrgenommen (Kessler et al. 2010, S. 277). Die Mentoren werden aufgrund ihrer Fähigkeiten wertgeschätzt; gleichzeitig profitieren die Mentees von neuem Wissen, das ihnen auf Augenhöhe übermittelt wird.

Bringen jüngere Kollegen den erfahreneren etwas bei, spricht man von „Reverse Mentoring". Etwa seit dem Jahr 2000 gibt es hier Vorreiter; v. a. sind es laut Sarah Mühlberger Unternehmen, die sich mit dem Internet und neuen Technologien beschäftigen. Die Autorin berichtet zum einen von einem internen Workshop in einer Bank, in dem jüngere Mitarbeiter Älteren im Zuge einer Orientierung zum Online-Banking eine „Entdeckungsreise ins Web 2.0" ermöglichen sollen. Ein weiteres Beispiel für Reverse Mentoring liefert die Wacker Chemie AG. Studierende begleiten hier vier Tage lang eine Führungskraft durch den Alltag und geben danach den Vorgesetzten Feedback (Mühlberger 2014, S. 135).

Natürlich ruft die ungewohnte Lernsituation nicht nur positive Reaktionen hervor. Ältere sind hierdurch gezwungen, sich selbst zu hinterfragen, so Mühlberger: „Habe ich die Neugier, die Sozialkompetenz und die Souveränität, mich auf so etwas einzulassen?" (Mühlberger 2014, S. 135).

Wissensmanagement zwischen den Generationen erfordert also Offenheit und Kompromissbereitschaft bei den Mitarbeitern, aber auch kontinuierliche Begleitung und Anpassung. Hierfür könnten Betriebe auch externe interkulturelle Vermittler am Arbeitsplatz einsetzen.

Zusammenfassung

Das Ideal der „jungen Alten" resultiert in erster Linie aus einer verstärkten Leistungs- und Konsumorientierung der Gesellschaft und der Wirtschaft. Statt den Alternsprozess zu verdrängen, sollte man älteren Menschen ein aktives Leben zugestehen, gleichzeitig aber auch den offenen Umgang mit den guten und schlechten Seiten ihrer Lebensphase.

Besonders trügerisch am Vorurteil älterer Menschen auf dem Arbeitsmarkt ist, dass es die Betroffenen verunsichert und sich diese Verunsicherung in ihrem Handeln niederschlägt. Als Benachteiligungen Älterer auf dem Arbeitsmarkt konnten monotone Arbeitsbedingungen, mangelnde individuelle Entwicklungsmöglichkeiten, einseitige Belastung und mangelndes Vertrauen der Betriebe in ältere ArbeitnehmerInnen ausgemacht werden.

Die Stärke älterer Menschen im Berufsleben besteht vor allem in Lebenserfahrungen, die ihnen den besseren Umgang mit Unsicherheiten ermöglichen. Kontinuierliche Weiterbildung muss dennoch auch für ältere Mitarbeiter selbstverständlich sein. Bietet ein Unternehmen seinen Arbeitskräften keine Aussicht auf Weiterentwicklung, sinkt mit der Qualifizierung die Motivation, und die private Selbstverwirklichung tritt in den Vordergrund. Mangelnde Abwechslung und das Fehlen von Umorientierungsmöglichkeiten scheinen folglich die Bereitschaft, in Vorruhestand zu gehen, zu erhöhen.

Durch Leistungsdruck und Überforderung ausgelöster Stress und Resignation sowie die resultierenden gesundheitlichen Risiken können durch kurzzeitige Präventionsmaßnahmen (z. B. Sportkurse) nicht ausgeglichen werden. Besonders stark zeigen sich die Auswirkungen bei denen, die beruflicher Belastung am längsten standgehalten haben – den älteren Mitarbeitern. Zeitliche Flexibilität ist für ein langes und zufriedenes Arbeiten bei guter Gesundheit daher unabdingbar. Nachhaltiger als das kurzfristige Bekämpfen von Symptomen sind Investitionen in mehr Stellen, zeitliche Freiräume und in Bildungsangebote. Maßnahmen, über die ausschließlich in den Chefetagen entschieden wird, können keine gezielte Wirkung entfalten. Daher wäre es für diejenigen, die an der Konzeption beteiligt sind, wichtig, den direkten Kontakt zu den Angestellten herzustellen.

Was die Ruhestandsplanung angeht, sind Wünsche und Vorstellungen individuell sehr unterschiedlich. Damit jede und jeder im gewünschten Maß aktiv sein kann, ob im familiären Bereich, beruflich oder gesellschaftlich, müssen Möglichkeiten zur flexiblen Gestaltung von Renteneintrittsalter, Altersteilzeit und Zuverdiensten im Ruhestand geschaffen werden. Freiwilligen sollte außerdem das gesellschaftliche Engagement erleichtert werden.

Die Analyse der vorhandenen Altersbilder hat gezeigt, dass ein soziokulturelles Verständnis des Arbeitslebens grundlegend für den Erfolg aller Maßnahmen für eine Kultur der Arbeit im Alter ist.

Was Sie aus diesem Essential mitnehmen können

- Wie die Digitalisierung einzelne Biographien prägt
- Wie man die Generation Y verstehen kann
- Wie man mit dem demografischen Wandel umgehen sollte
- Welche Auswirkungen die Individualisierung auf die Personalentwicklung in Unternehmen haben kann und sollte

© Springer Fachmedien Wiesbaden 2016

D. Ewinger et al., *Arbeitswelt im Zeitalter der Individualisierung,* essentials,

DOI 10.1007/978-3-658-12753-4

Literatur

Agentur ohne Namen. (Hrsg.). (2014). *Students survey 2014.* http://www.agenturohnenamen.de/fileadmin/templates/images/Downloads/Student_Survey_2014.pdf. Zugegriffen: 30. Juni 2015.

Albiser, E., & Wittenberg, D. (2014). *Bildung auf einen Blick 2014.* Hrsg. OECD. http://www.oecd.org/berlin/publikationen/bildung-auf-einen-blick-2014-deutschland.pdf. Zugegriffen: 20. Okt. 2015.

Beck, U. (1986). *Risikogesellschaft. Auf dem Weg in eine andere Moderne.* Frankfurt a. M.: Suhrkamp.

Beck, U., & Beck-Gernsheim, E. (1993). *Die Erfindung des Politischen – Zu einer Theorie reflexiver Modernisierung.* Frankfurt a. M.: Suhrkamp.

Beck-Gernsheim, E., & Beck, U. (Hrsg.). (1994). *Riskante Freiheiten. Individualisierung in modernen Gesellschaften.* Frankfurt a. M.: Suhrkamp.

Bendl, H. (2004). Fehler im System. *McK Wissen, 8,* 12–17.

Bittner, J. V. (2011). Altersstereotype: Bilder vom Altern und von älteren Arbeitnehmern. *Mind Magazin, 1.* http://de.in-mind.org/article/altersstereotype-bilder-vom-altern-und-von-aelteren-arbeitnehmern. Zugegriffen: 29. Sept. 2015.

Blair, I. V., & Banaji, M. R. (1996). Automatic and controlled processes in stereotype priming. *Journal of Personality and Social Psychology, 70,* 1142–1163.

Börsch-Supan, A., & Weiss, M. (2010). Erfahrungswissen in der Arbeitswelt. In A. Kruse (Hrsg.), *Potenziale im Altern: Chancen und Aufgaben für Individuum und Gesellschaft* (S. 221–234). Heidelberg: Akademische Verlagsgesellschaft AKA.

Brühl, K., & Kelber, C. (2015). Das neue Wir. *Trend Update, 3,* 10–18.

Brühl, K., & Pollozek, A. (2015). *Die neue Wir-Kultur. Wie Gemeinschaft zum treibenden Faktor einer künftigen Wirtschaft wird.* Frankfurt a. M.: Zukunftsinstitut.

Bund, K. (2013). *Glück schlägt Geld. Generation Y: Was wir wirklich wollen.* Hamburg: Murmann.

Bundesagentur für Arbeit. (Hrsg.). (2013). *Arbeitsmarktberichterstattung: Der Arbeitsmarkt in Deutschland, Ältere am Arbeitsmarkt.* Nürnberg: Zentrale Arbeitsmarktberichterstattung.

Bundesinstitut für Bevölkerungsforschung. (2013). *Deutschland hat die älteste Bevölkerung in Europa. Grafik des Monats – November 2013.* http://www.bib-demografie.de/DE/Aktuelles/Grafik_des_Monats/Archiv/2013/2013_11_medianalter_eu.html. Zugegriffen: 26. Juni 2015.

© Springer Fachmedien Wiesbaden 2016

D. Ewinger et al., *Arbeitswelt im Zeitalter der Individualisierung,* essentials,
DOI 10.1007/978-3-658-12753-4

Bundesministerium für Arbeit und Soziales. (Hrsg.). (2013). *Arbeitsmarktprognose 2030. Eine strategische Vorausschau auf die Entwicklung von Angebot und Nachfrage in Deutschland.* http://www.bmas.de/SharedDocs/Downloads/DE/PDF-Publikationen/a756-arbeitsmarktprognose-2030.pdf?__blob=publicationFile. Zugegriffen: 30. Juni 2015.

Bundesministerium für Arbeit und Soziales. (Hrsg.). (2015). *Fortschrittsbericht 2014 zum Fachkräftekonzept der Bundesregierung.* http://www.bmas.de/SharedDocs/Downloads/DE/PDF-Publikationen/fortschrittsbericht-fachkraefte-fuer-2014.pdf?__blob=publicationFile. Zugegriffen: 30. Juni 2015.

Bundesministerium für Familie, Senioren, Frauen und Jugend. (Hrsg.). (2010). Eine neue Kultur des Alterns. Altersbilder in der Gesellschaft. Erkenntnisse und Empfehlungen des Sechsten Altenberichts. http://www.bmfsfj.de/RedaktionBMFSFJ/Broschuerenstelle/Pdf-Anlagen/6.-Altenbericht-Eine-neue-Kultur-des-Alterns, property=pdf,bereich=bmfsfj,sprache=de,rwb=true.pdf. Zugegriffen: 30. Juni 2015.

Büsch, V., Dorbritz, J., Heien, Th, & Micheel, F. (2010). Weiterbeschäftigung im Rentenalter. Wünsche-Bedingungen-Möglichkeiten. In Bundesinstitut für Bevölkerungsforschung, *Materialien zur Bevölkerungswissenschaft, 129.* http://www.bib-demografie.de/DE/Veroeffentlichungen/Materialien/Hefte/129.html. Zugegriffen: 01. Mai 2015

Der Spiegel. (2014). *Ich bleib dann mal da! Gehalt statt Rente: Warum Senioren weiterarbeiten – und damit den Jüngeren helfen, 21,* 19.05.2014.

eMarketer. (2013). *Social networking reaches nearly one in four around the world.* eMarketers website. http://www.emarketer.com/Article/Social-Networking-Reaches-Nearly-One-Four-Around-World/1009976. Zugegriffen: 30. Apr. 2015.

Employer, B. (2015). *Employer branding.* http://branding-employer.de/. Zugegriffen: 31. März 2015.

Engstler, H. (2006). Erwerbsbeteiligung und Übergang in den Ruhestand. In C. Tesch-Römer, H. Engstler, & S. Wurm, *Altwerden in Deutschland: Sozialer Wandel und individuelle Entwicklung in der zweiten Lebenshälfte* (S. 85–154). Wiesbaden: VS.

Erfolgsfaktor Familie. (2014). *Generation Y-Check: Wie die Generation Y zur Vereinbarkeit von Beruf und Familie steht. Eine Umfrage des Unternehmensnetzwerks „Erfolgsfaktor Familie".* https://erfolgsfaktor-familie.de/dlw.asp?filename=Generation_Y_Check.pdf. Zugegriffen: 1. Apr. 2015.

Esselmann, I., & Geis, W. (2015). *Fachkräfte 65 plus Erwerbstätigkeit im Rentenalter.* HG. Institut der Deutschen Wirtschaft Köln. IW Trends 2. Vierteljahresschrift zur empirischen Wirtschaftsforschung, Jg. 42.

Farin, K. (2006). *Jugendkultur in Deutschland 1950 bis 1989, Teil 2.* Bonn: Bundeszentrale für politische Bildung.

Fürg, D. (2014). *Die traurige Wahrheit der Generation Y.* http://social-thoughts.com/die-traurige-wahrheit-der-generation-y/. Zugegriffen: 4. Mai 2015.

Gauck, J. (2015). Rede zur Ausstellungseröffnung „Dialog mit der Zeit" – neue Altersbilder. 30. März 2015. http://www.bundespraesident.de/SharedDocs/Reden/DE/Joachim-Gauck/Reden/2015/03/150331-Altersbilder.html;jsessionid=373724395663C214803A D5E89703A8AF.2_cid293. Zugegriffen: 29. Juni 2015.

Gemeinschaft Tempelhof. (o. J.). Werte. http://www.schloss-tempelhof.de/gemeinschaft/vision-werte/. Zugegriffen: 21. Mai 2015.

Gerstorf, D., Hülür, G., Drewelies, J., Eibich, P., Duezel, S., Demuth, I., Ghisletta, P., Steinhagen-Thiessen, E., Wagner, G., & Lindenberger, U. (2015). Secular changes in late-life cognition and well-being: Towards a long bright future with a short brisk ending? *SO-*

EPpapers on Multidisciplinary Panel Data Research, Nr. 738. https://www.mpib-berlin. mpg.de/de/presse/2015/03/das-alter-wird-juenger-heute-75-jaehrige-sind-geistig-fitter-und-gluecklicher-als-75-jaehrige-vor-20-jahren. Zugegriffen: 28. Juni 2015.

Hergert, S., & Stratmann, K. (2013). Generation Anspruchsvoll. *Handelsblatt, 151,* 08. August 2013, Tagesthema, S. 1.

Heuser, J., & Kunze, A. (2013). Generation Y: Wollen die auch arbeiten? *Zeit online,* 11. März 2013. http://www.zeit.de/2013/11/Generation-Y-Arbeitswelt. Zugegriffen: 30. Juni 2015.

Hildebrandt, A. (2014). Wie die Generation Y wirklich tickt. Im Interview mit Dr. Steffi Burkhart. *Huffington Post,* 28.10.2014. http://www.huffingtonpost.de/alexandra-hildebrandt/selbstbestimmt-wie-die-generation-y-wirklich-tickt_b_6053746.html. Zugegriffen: 21. Mai 2015.

Horx, M. (2010a). *Trenddefinitionen.* http://www.horx.com/zukunftsforschung/Docs/02-M-03-Trend-Definitionen.pdf. Zugegriffen: 15. Juni 2015.

Horx, M. (2010b). *Trendforschung – eine kleine Einführung.* http://www.horx.com/zukunftsforschung/Docs/02-M-02-Trendforschung.pdf. Zugegriffen: 15. Juni 2015.

Horx, M. (2011). *Das Megatrend Prinzip. Wie die Welt von morgen entsteht.* München: Deutsche Verlags-Anstalt.

Horx, M. (2015). *Die Macht der Megatrends.* http://www.horx.com/reden/macht-der-megatrends.aspx. Zugegriffen: 6. Okt. 2015.

Huber, T., & Rauch, C. (2013). *Generation Y: Das Selbstverständnis der Manager von morgen. Eine Trendstudie des Zukunftsinstituts im Auftrag von Signium International.* http://www.signium.com/Portals/32/Germany/Documents/studie_generation_y_signium.pdf. Zugegriffen: 21. Mai 2015.

Hurrelmann, K., & Albrecht, E. (2014). *Die heimlichen Revolutionäre. Wie die Generation Y unsere Welt verändert.* Weinheim: Beltz.

Institut für Demoskopie Allensbach. (2012). *Altersbilder der Gesellschaft. Eine Repräsentativbefragung der Bevölkerung ab 16 Jahre.* http://www.bosch-stiftung.de/content/language1/downloads/Der_Deutsche_Alterspreis_Altersbilder_Bericht.pdf. Zugegriffen: 30. Juni 2015.

IZA. (2015). Internationale Erwerbstätigenquoten der 55-64-jährigen ab 1990. http://www. iza.org/de/webcontent/charts/Images/slide%20oecd_empl004. Zugegriffen: 16. März 2015.

Jasper, G., Rohwedder, A., & Schletz, A. (2001). Innovieren mit alternden Belegschaften. In J. Moser (Hrsg.), *„ Vom alten Eisen und anderem Ballast"* (S. 60–86). München: Hampp.

Jens Hansen Consulting GmbH. (o. J.). *Zukunftswissen.* http://www.zukunftsstark.org/megatrends/. Zugegriffen: 30. Juni 2015.

Jerges, O. (2014). *Generation Maybe: Die Signatur einer Epoche.* Berlin: Haffmans & Tolkemitt.

Kant, I. (1784). Beantwortung der Frage: Was ist Aufklärung? *Berlinische Monatsschrift, 12,* 481–494.

Karberg, S. (2004). Die Kultur des Alterns: Interview mit Paul Baltes. *Mck Wissen, 8,* 18–24.

Kessler, E. M., Kruse, A., & Staudinger, U. M. (2010). Produktivität durch eine lebensspannenorientierte Konzeption von Altern im Unternehmen. In A. Kruse (Hrsg.), *Potenziale im Altern: Chancen und Aufgaben für Individuum und Gesellschaft* (S. 271–284). Heidelberg: Akademische Verlagsgesellschaft AKA.

Kienbaum. (2009/2010). *Was motiviert die Generation Y im Arbeitsleben? Studie der Motivationsfaktoren der jungen Arbeitnehmergeneration im Vergleich zur Wahrnehmung dieser Generation durch ihre Manager.* http://www.kienbaum.de/Portaldata/1/Resources/downloads/servicespalte/Kienbaum_Studie_Generation_Y_2009_2010.pdf. Zugegriffen: 3. Mai 2015.

Korff, J., & Biemann, T. (2013). Verbreitete Altersstereotype lassen sich durch wissenschaftliche Fakten widerlegen. *Personal Quarterly, 3*(65), 46–49.

Kruse, A., & Schmitt, E. (2010). Lebensläufe und soziale Lebenslaufpolitik in psychologischer Perspektive. In G. Naegele (Hrsg.), *Soziale Lebenslaufpolitik.* Wiesbaden: VS Verlag.

McDonald's Deutschland Inc. (2013). Die McDonald's Ausbildungsstudie 2013- Pragmatisch glücklich: Azubis zwischen Couch und Karriere. Eine Repräsentativbefragung junger Menschen im Alter von 15 bis unter 25 Jahren. http://mcdw.ilcdn.net/MDNPROG9/mcd/files/pdf/090913_Publikationsstudie_McDonalds_Ausbildungsstudie.pdf. Zugegriffen: 21. Mai 2015.

meine ernte. (o. J.). *Das sind wir und unsere Idee.* http://www.meine-ernte.de/. Zugegriffen:21. Mai 2015.

Metzler, C., Werner, D., & Zibrowius, M. (2014). Arbeitsmarktergebnisse und berufliche Ziele der Generation Y im Vergleich zur Generation X. *IW Trends, 3.*

Naegele, G. (2010). *Soziale Lebenslaufpolitik.* Wiesbaden: VS Verlag.

o.V. (ca. 1840). *Lebenstreppe aus dem 19. Jahrhundert.* Westfälisches Landesmuseum für Kunst und Kunstgeschichte. Lizenziert unter Gemeinfrei über Wikimedia Commons. https://commons.wikimedia.org/wiki/File:Stufenalter_01.jpg. Urheber: unbekannt.

Pauer, N. (2011). *Wir haben keine Angst: Gruppentherapie einer Generation.* Frankfurt a. M.: Fischer.

Pauer, N. (2014). Generation Y: „Reich mir mal den Rettich rüber". *Zeit online,* 22.09.2014. http://www.zeit.de/2014/37/generation-y-glueck-freizeit. Zugegriffen: 18. März 2015.

Pew Research Center. (2014). *The Internet of things will thrive by 2015.* http://www.pewinternet.org/2014/05/14/internet-of-things/. Zugegriffen: 21. Mai 2015.

Pfadenhauer, M. (2004). Wie forschen Trendforscher? Zur Wissensproduktion in einer umstrittenen Branche. *Forum Qualitative Sozialforschung, 5*(2). http://www.forschungsnetzwerk.at/downloadpub/2004_Wissensproduktion_trendforschung_m_pfadenhauer.pdf. Zugegriffen: 2. Mai 2015.

PwC. (Hrsg.). (2013). *PwC's NextGen: A global generation study.* www.pwc.com/en_GX/gx/hr-management-services/pdf/pwc-nextgen-study-2013.pdf. Zugegriffen: 21. Mai 2015.

Roland Berger Strategy Consultants GmbH. (Hrsg.). (2014). *Unternehmen lernen online - Corporate Learning im Umbruch.* http://www.rolandberger.de/media/pdf/Roland_Berger_TAB_Corporate_Learning_D_20140602.pdf. Zugegriffen: 21. Mai 2015.

Rosenmayr, R. (2010). Ist das Erfahrungswissen Älterer nicht doch eine Chimäre? In A. Kruse (Hrsg.), *Potenziale im Altern, Chancen und Aufgaben für Individuum und Gesellschaft.* Heidelberg: Akademische Verlagsgesellschaft.

Schenk, H. (2007). *Der Altersangst-Komplex: auf dem Weg zu einem neuen Selbstbewusstsein.* München: C.H. Beck.

Shell Deutschland Holding. (Hrsg.). (2010). *Jugend 2010. Eine pragmatische Generation behauptet sich.* Frankfurt a. M.: Fischer.

Statista. (2015). *Entwicklung des Bevölkerungsanteils der über 60-Jährigen in ausgewählten europäischen Ländern.* http://de.statista.com/statistik/daten/studie/5788/umfrage/bevoelkerungsanteil-der-ueber-60-jaehrigen-in-europa/. Zugegriffen: 1. Juli 2015.

Statistische Ämter des Bundes und der Länder. (2009). *Demografischer Wandel in Deutschland,* 4.

Statistisches Bundesamt. (2013a). *Bevölkerung und Erwerbstätigkeit. Vorläufige Ergebnisse der Bevölkerungsfortschreibung auf Grundlage des Zensus 2011.* https://www.destatis.de/DE/Publikationen/Thematisch/Bevoelkerung/Bevoelkerungsstand/VorlBevoelkerungsfortschreibung5124103119004.pdf?__blob=publicationFile. Zugegriffen: 30. Juni 2015.

Statistisches Bundesamt. (2013b). *Geburtentrends und Familiensituation in Deutschland.* https://www.destatis.de/DE/Publikationen/Thematisch/Bevoelkerung/HaushalteMikrozensus/Geburtentrends5122203129004.pdf?__blob=publicationFile. Zugegriffen: 30. Juni 2015.

Statistisches Bundesamt. (2014). Fachserie 1 Reihe 4.1.1: *Stand und Entwicklung der Erwerbstätigkeit in Deutschland.* Wiesbaden.

Statistisches Bundesamt. (2015a). *Bevölkerung – Eheschließungen, Ehescheidungen.* https://www.destatis.de/DE/ZahlenFakten/GesellschaftStaat/Bevoelkerung/Ehescheidungen/Tabellen_/lrbev06.html#Fussnote1a. Zugegriffen: 30. Juni 2015.

Statistisches Bundesamt. (2015b). *Bevölkerung Deutschlands bis 2060. 13. koordinierte Bevölkerungsvorausberechnung.* https://www.destatis.de/DE/Publikationen/Thematisch/Bevoelkerung/VorausberechnungBevoelkerung/BevoelkerungDeutschland2060Presse5124204159004.pdf?__blob=publicationFile. Zugegriffen: 30. Juni 2015.

Statistisches Bundesamt. (2015c). *Bevölkerung.* https://www.destatis.de/DE/ZahlenFakten/Indikatoren/LangeReihen/Bevoelkerung/lrbev05.html. Zugegriffen: 6. Okt. 2015.

Statistisches Bundesamt. (2015d). *Familien mit minderjährigen Kindern nach Familienform.* https://www.destatis.de/DE/ZahlenFakten/GesellschaftStaat/Bevoelkerung/HaushalteFamilien/Tabellen/Familienformen.html. Zugegriffen: 6. Okt. 2015.

Statistisches Bundesamt. (2015e). Arbeitsmarkt. https://www.destatis.de/DE/ZahlenFakten/Indikatoren/LangeReihen/Arbeitsmarkt/lrerw013.html. Zugegriffen: 6. Okt. 2015.

Stiftung zur Förderung der Hochschulrektorenkonferenz. (o. J.). *Hochschulkompass.* http://www.hochschulkompass.de/. Zugegriffen: 19. März 2015.

Straßmann, B. (2015). Sprechende Klingen. Die kleinen Dinge des Alltags beginnen zu kommunizieren. Burkhard Straßmann testet skeptisch einen vernetzten Nassrasierer. *Zeit Online,* 8. März 2015,. http://www.zeit.de/2015/08/internet-der-dinge-rasierer-gillette. Zugegriffen: 21. Mai 2015.

Ternès, A., Towers, I., & Jerusel, M. (2015). *Konsumentenverhalten im Zeitalter der Mass Customization.* Wiesbaden: Springer.

Thieme, F. (2008). *Alter(n) in der alternden Gesellschaft. Eine soziologische Einführung in die Wissenschaft vom Alter(n).* Wiesbaden: VS Verlag.

Trump, J. (2013). Taktänderung: Wie die „Generation Y" arbeiten will. *Geht doch! So gelingt die Vereinbarkeit von Familie und Beruf.,* S. 28–30. http://www.erfolgsfaktor-familie.de/dlw.asp?filename=Magazin_Geht_doch.pdf. Zugegriffen: 21. Mai 2015

Tschechne, M. (2011). *Ältere Mitarbeiter – Völlig unentbehrlich.* DIE ZEIT, 28.04.2011. http://www.zeit.de/2011/18/C-Fachkraeftemangel-Alter. Zugegriffen: 20. Sept. 2015.

United Nations. (Hrsg.) (2002). *World population ageing 1950-2050.* Department of Economic and Social Affairs Population Division, ST/ESA/SER.A/207. http://www.un.org/esa/population/publications/worldageing19502050/index.htm. Zugegriffen: 30. Juni 2015.

Urban, T. (2013). Why generation Y yuppies are unhappy. *Huffington Post*, 15.09.2013. http://www.huffingtonpost.com/wait-but-why/generation-y-unhappy_b_3930620.html. Zugegriffen: 21. Mai 2015.

Watson, R. (2014). *Table of trends and technologies for the world in 2020. What's next.* http://www.nowandnext.com/?action=misc&subaction=trend_maps. Zugegriffen: 5. Mai 2015.

Wiki Commons. (2005). „Ich denkmal". Lizenziert unter CC BY-SA 3.0 über Wikimedia Commons. – http://commons.wikimedia.org/wiki/File:Ich_denkmal.jpg#/media/File:Ich_denkmal.jpg. Urheber des Fotos: Popie.

Wurm, S., Berner, F., & Tesch-Römer, C. (2013). Altersbilder im Wandel. *Aus Politik und Zeitgeschichte (APuZ), 63*(4–5), 2–8.

Zukunftsinstitut. (Hrsg.). (2011). Heidelberger Leben. Trendmonitor 2011. http://www.eaf-bund.de/documents/Paare_Navipunkte/Studie_Heidelberger_Leben.Trendmonito_2011_final.pdf. Zugegriffen: 20. Juni 2015.